手把手教你
学基金投资

■ 桂阳◎编著

中国铁道出版社有限公司
CHINA RAILWAY PUBLISHING HOUSE CO., LTD.

内 容 简 介

本书采用理论知识与生活实例相结合的方式,对如何选择、分析、购买基金进行深入浅出的讲解。

全书共包括 12 章,主要内容有:初步了解基金、开始选择基金、购买基金、股票型基金的定义与分类、股票型基金的投资技巧、分析股票型基金持仓的股票、基金持仓个股的技术分析、货币基金与指数基金的投资技巧、投资 LOF 基金与 ETF 基金、保本型与债券型基金的投资技巧、封闭式基金的投资技巧、认识基金投资的风险。

通过学习本书,可以让对基金一无所知的投资者变成炒基金的高手;也可以在股市震荡、哀鸿遍野时能炒基金获益。

本书结构清晰,案例丰富,实战性强,特别适合广大初学者、爱好者进行基金投资的入门学习,同时,也适合基金投资的从业者、研究者阅读参考,此外,也可作为各大中专院校金融类专业的学生做培训教材使用。

图书在版编目(CIP)数据

手把手教你学基金投资 / 桂阳编著.—北京:
中国铁道出版社,2016.1(2022.1 重印)
ISBN 978-7-113-21085-4

Ⅰ.①手… Ⅱ.①桂… Ⅲ.①基金–投资–基本
知识 Ⅳ.①F830.59

中国版本图书馆 CIP 数据核字(2015)第 261755 号

书　　名:手把手教你学基金投资
作　　者:桂　阳

责任编辑:张亚慧　　编辑部电话:(010)51873035　　邮箱:lampard@vip.163.com
封面设计:MXK DESIGN STUDIO
责任印制:赵星辰

出版发行:中国铁道出版社有限公司(100054,北京市西城区右安门西街 8 号)
印　　刷:佳兴达印刷(天津)有限公司
版　　次:2016 年 1 月第 1 版　　2022 年 1 月第 2 次印刷
开　　本:700mm×1 000mm 1/16　印张:17.75　字数:363 千
书　　号:ISBN 978-7-113-21085-4
定　　价:48.00 元

FOREWORD
一 前言 一

　　牛市来临时，周围所有的亲戚、朋友和同事都在讨论股票。而随着股票的涨跌，他们总是悲喜交加，情绪波动极大。由此也可以看出，股市有风险，入市须谨慎。人们在谈论股票时，不少人却在私下买入了基金。

　　基金同样作为一种投资理财方式，其种类也非常丰富，提供给投资者的选择也非常多，可以同时满足不同投资风格的投资者，如下所示为基金的大致分类。

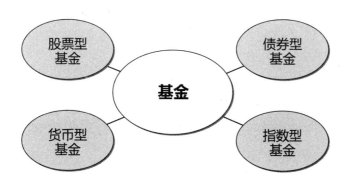

　　股票型基金可以为投资者带来不低于直接进行股票投资的收益，当然也需要承担一些风险。但是股票型基金的基金经理都是专业的投资人员，他们拥有广阔的信息渠道和优秀的工作人员，肯定比新入市的投资者更有优势。

　　债券型基金则是给投资者带来稳定的收益，它是风险极低的一种基金。该类型基金的收益比银行存款利润高出不少，且存在一类偏股型债券基金，在股票市场处于牛市时，控制风险的同时还能享受到股市上涨带来的红利。

　　货币型基金则日益成为普通大众理财的工具，将闲置资金在货币型基金中自由转入转出，存续时间长还能获取比银行存款更高的收益，时间短也能保证资金的安全，其极高的流通性和变现性是最突出的优点。

　　指数型基金则是将基金资产用于跟踪某一目标指数，根据其权重买入一篮子股票。同样将面临极大的市场风险，只有在对市场行情的长期趋势有明确的分析后，才会有投资者选择这类被动型的投资基金。

　　本书旨在为那些止步于股市投资的高风险，又拥有理财意识的投资者，对如何选择基金、买卖基金进行详细、深入的讲解。

　　下面我们就一起来看看这本《手把手教你学基金投资》具体有哪些内容。本书总共有12章，其内容包括以下几个部分。

- 第一部分为本书第 1～3 章，这部分主要介绍了基金的基础知识，投资者如何选择适合自己的基金，以及如何开始购买基金。

- 第二部分为本书第 4～11 章，这部分主要对市场中较为热门的基金进行介绍，例如股票型基金的特点与分析方法；LOF 基金与 ETF 基金的原理与套利方式；保本基金与债券基金、指数型基金与封闭式基金的内容、特点、分类以及投资技巧等内容并结合实战进行讲解。

- 第三部分为本书第 12 章，这部分介绍了所有类型的基金都要面临的风险有哪些，如何降低风险以及正确的基金投资方法等内容。

投资者在阅读完第一部分的内容后，可以在第二部分中选择自己感兴趣且有可能会进行购买的基金类型，进行更深入和专业的了解。但第三部分是建议所有投资者都详细阅读和学习的，因为这部分内容揭示了基金面临的风险。市场中所有的投资都会面临风险，基金也不例外。

编　者

2015 年 11 月

第1章 初步了解基金

基金作为一种新兴的投资理财方式，得到越来越多投资者的青睐。基金与股票、债券、期货、外汇等投资形式有着很大的区别，它是一种间接投资工具。

第2章 开始选择基金

有了基础之后，投资者就可以从自身实际情况出发，按照一定的原则去选择适合自己的基金。而选择基金的原则主要是从基金公司、基金经理、基金业绩等方面进行选择购买。

第3章 购买基金

投资者购买基金之前，必须开立一个基金账户。基金账户又称为"TA 基金账户"，是指注册登记人为投资者建立的用于管理和记录投资者交易的基金种类、数量变化情况的账户。

第4章 股票型基金的定义与分类

股票型基金就是将广大投资者的资金汇集起来，由基金管理人投资到股票市场中，通过基金管理人专业的投资运作，获取股票红利或差价收益。

第5章 股票型基金的投资技巧

作为普通的基金投资者而言，要想在股票型基金中稳获收益，需要掌握一定的投资技巧，这是尽可能扩大基民收益的不二法门。

第6章 分析股票型基金持仓的股票

基金投资者在选择股票型基金时，除了分析股票型基金本身的收益率、投资风格、基金经理等因素之外，更为重要的是分析股票型基金所持有的股票本身。

第7章 基金持仓个股的技术分析

技术分析是股票分析中的支柱，是使用者最多，成功率最高的分析方法。在技术分析中，趋势理论、形态理论以及波浪理论是影响最为深远的三类。

第8章 货币基金与指数基金投资技巧

近年来货币型基金的投资门槛越来越低，因此也得到了广大投资者的选择。越来越多的工薪阶层、白领等人群将资金转到货币型基金中，以赢取比银行利息更高的收益。而指数型基金则更为专业，风险更大，同时带来的收益也更高。

第 9 章 投资 LOF 基金与 ETF 基金

LOF 基金与 ETF 基金是普通投资者接触的比较少的两类基金，但是近年来却受到了不少经验丰富的投资者青睐。

第 10 章 保本型与债券型基金 的投资技巧

保本型基金与债券型基金是所有基金产品中风险较小，收益较稳定的两种基金类型。对于稳健性的投资者而言是较好的投资选择。

第 11 章 封闭式基金的投资技巧

封闭式基金与股票类似，实行竞价交易、折价交易，即基金的成交价格与基金净值相比可能出现折价或溢价的情况。

第 12 章 认识基金投资的风险

基金与股票、期货等相比，风险的确要小很多，但也绝对不是零风险，也会因为投资管理不当，出现亏损。因此投资者在进行基金投资之前，应该对基金投资的风险进行简单了解，才能在投资过程中有更好的心态。

Fund

—— 手把手教你学基金投资 ——

第 1 章
初步了解基金

经济快速发展，居民可支配收入逐年增加。所以生活中有投资意识的人，会将闲置的资金进行投资。而基金是多种投资途径中的一种，风险相较于股票投资更小，收益较银行存款更高。是一种较为可靠安全的投资方式，得到了广大投资者的青睐。近年来我国的基金行业蓬勃发展，给投资者带来更多的基金产品。

01
必须掌握的
基金知识

> 基金作为一种新兴的投资理财方式，得到越来越多投资者的青睐。基金与股票、债券、期货、外汇等投资形式有着很大的区别，它是一种间接投资工具。

1. 什么是基金

现在市面上的基金产品繁多，通过学习基金相关知识，可以帮助投资者区分基金产品类型，选择适合自己的基金。

基金是指通过发售基金份额，将众多投资者的资金集中起来，形成独立财产，由基金托管人托管，基金管理人管理，以投资组合的方式进行证券投资的一种利益贡献、风险共担的集合投资方式。

基金通过发售基金份额来募集资金，个人投资者和机构投资者都可以通过购买基金份额来参与基金投资。基金所募集的资金在法律上是独立的，由最初选定的基金托管人负责保管，由委托基金的管理人进行分散投资。

基金投资的最终受益在扣除相关费用后全部归基金投资者所有，依据基金投资者的基金份额多少进行分配。

投资者在购买每只基金时都会订立基金合同，基金管理人、基金托管人和基金投资者的权利义务在基金合同中都会做出详细约定。

基金公司在发售基金份额时都会向投资者提供一份招募说明书，主要用于说明基金运作的多个方面，如基金的投资目标与理念、投资范围和对象、投资策略、基金费用与收益分配原则等。所以基金合同和招募说明书是基金设立的两个重要法律文件。

世界上不同国家和地区对基金的称谓有所不同。在我国称为证券投资基金，简称基金；在美国称为共同基金；在英国称为单位信托基金；在欧洲一些国家称为集合投资基金或集合投资计划；在日本则称为证券投资信托基金。

图 1-1 所示为基金概念示意图，通过图形，可以更好地理解基金的相关概念。

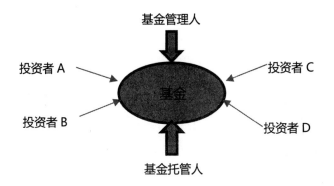

图 1-1　基金概念示意图

基金正因为有专业的基金公司管理，有可信赖的银行托管，所以才形成了风险相对较低，收益率相对较高的优点，这也是广大投资者选择基金的主要原因。

2. 基金的五大特点

基金是一种适合大众的理财方式，基金投资不需要预测市场，也不需要投资者时刻关注市场变化。基金的五大特点具体如图 1-2 所示。

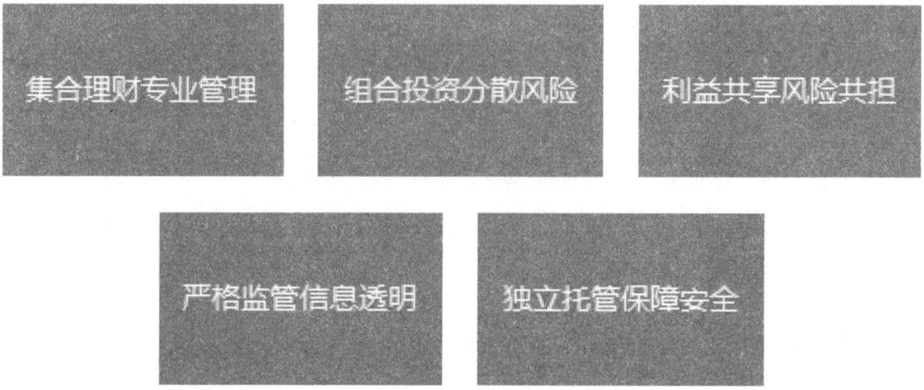

集合理财专业管理	组合投资分散风险	利益共享风险共担

严格监管信息透明	独立托管保障安全

图 1-2　基金的五大特点

接下来对证券投资基金的五大特点进行详细介绍,具体内容如图 1-3 所示。

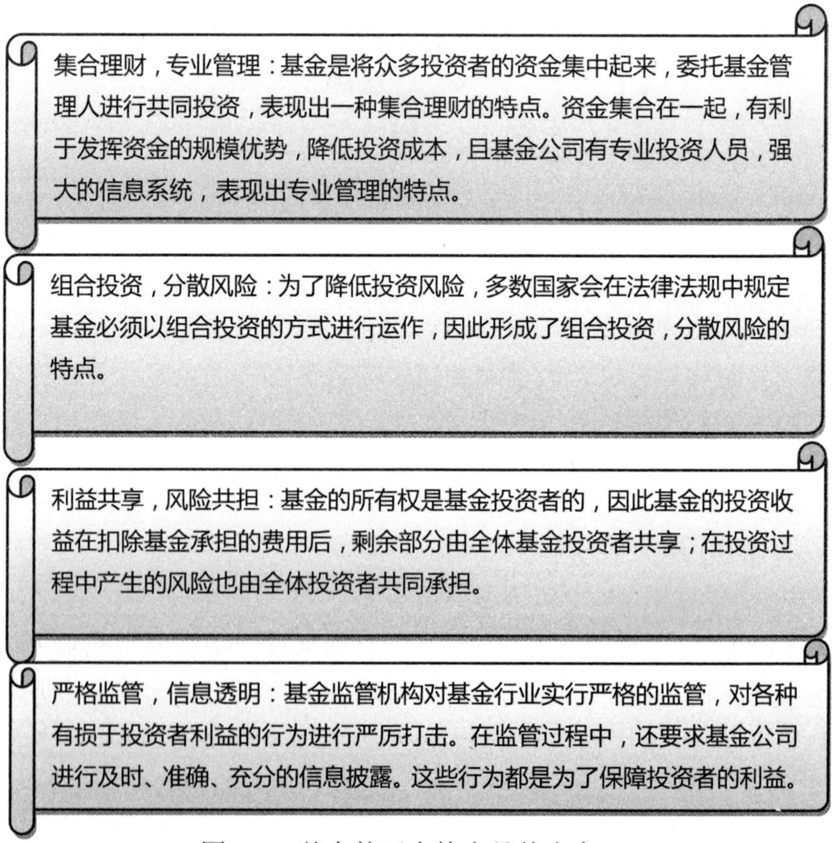

集合理财,专业管理:基金是将众多投资者的资金集中起来,委托基金管理人进行共同投资,表现出一种集合理财的特点。资金集合在一起,有利于发挥资金的规模优势,降低投资成本,且基金公司有专业投资人员,强大的信息系统,表现出专业管理的特点。

组合投资,分散风险:为了降低投资风险,多数国家会在法律法规中规定基金必须以组合投资的方式进行运作,因此形成了组合投资,分散风险的特点。

利益共享,风险共担:基金的所有权是基金投资者的,因此基金的投资收益在扣除基金承担的费用后,剩余部分由全体基金投资者共享;在投资过程中产生的风险也由全体投资者共同承担。

严格监管,信息透明:基金监管机构对基金行业实行严格的监管,对各种有损于投资者利益的行为进行严厉打击。在监管过程中,还要求基金公司进行及时、准确、充分的信息披露。这些行为都是为了保障投资者的利益。

图 1-3　基金的五大特点具体内容

> 独立托管，保障安全：基金的最后一个特点就是基金财产由独立的基金托管人保管，不会出现基金管理人负责投资操作的同时还负责保管资金。这样相互制约、相互监督的机制有利于保障投资者的利益。

图 1-3　基金的五大特点具体内容（续）

小李是一个 85 后，2011 年毕业于普通本科院校。因为是农村人，父母勤俭节约的品质给他很大影响，将近毕业的时候兜里就剩下 200 多元钱了，当务之急是养活自己，所以找工作的时候基本上是有人要就去了。好歹找了一份工资为 1 500 元的工作，公司包吃住，虽然地方比较偏僻，但他还是牢牢抓住了这根救命稻草，对自己说：先安定下来再做打算。努力上班自然不在话下，随着汗水的付出，工资在稳步上升，半年后工资涨到了 2 500 元。

因为公司地方比较偏僻，平时没什么机会逛街消费，于是大部分的钱都攒下来了，毕业一年后银行卡里就有了 18 000 元的存款。小李心里想着"你不理财，财不理你"这句话，慢慢地有了理财的想法。可是当小李进入银行官方完整看到上面的理财产品后就失望了，因为最低门槛都要 5 万元。后来小李只能拿出 15 000 元存了一年定期，以后的每月拿 1 500 元工资存 1 年定期，后来才知道其实 18 000 元可以用于其他方式理财，比如买基金。2013 年工资涨到了 4 000 元，除了有几笔大一点的开销花了小李 2 万元，工作 4 年的小李存款有了 70 000 元。

不经意间小李已经攒够了 5 万元的理财门槛，于是重新燃起了理财的热情，而当小李正在了解银行理财产品信息的时候，与同学聊天偶然聊到买基金这个话题，同学用 4 万元买货币基金两个月就赚了将近 400 元，初步算了一下发现 4 万元 1 年就能收入 2 400 元，那就相当于 6% 的年收益了，相比银行的 3% 的定期那是高多了，比理财产品收益高而且可以随时赎回，发现了货币基金的好处之后，由于有 4 万元定期没到，小李把手中能活动的 22 000 元投资了某现金增利基金，到现在为止，还没得到实际的收益，但是小李相信功夫不负有心人，只要坚持下去，终究会得到好的收益。

3. 基金公司与托管人

我国的证券投资基金依据基金合同设立，主要当事人包括基金份额持有人，即基金投资者，基金管理人和基金托管人，其他当事人包括基金注册登记机构、基金销售机构等。上述所有当事人的具体含义如图1-4所示。

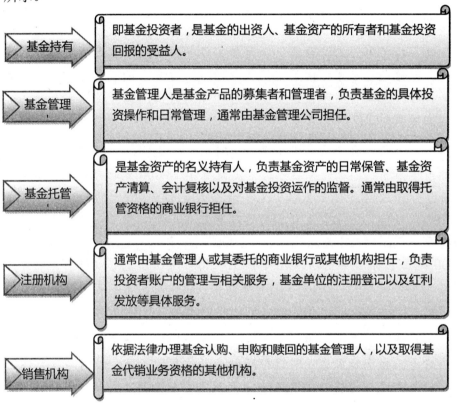

图 1-4　基金当事人的具体含义

在所有基金当事人中，基金管理人与基金托管人是相互制约、相互监督的两个行为主体，也是身负最多职责的两个主体。基金管理人的主要职业具体如下：

● 依法募集基金，办理或者委托经国务院证券监督管理机构认定的其他机构代为办理基金份额的发售、申购、赎回和登记事宜。

- 办理基金备案手续。

- 对所管理的不同基金财产分别管理、分别记账，进行证券投资。

- 按照基金合同的约定对基金收益分配方案进行确定，及时向基金份额持有分配收益。

- 进行基金会计核算并编制基金财务会计报告。

- 编制中期和年度基金报告。

- 计算并公告基金资产净值，确定基金份额申购、赎回价格。

- 办理与基金财产管理业务活动有关的信息披露事项。

- 召集基金份额持有人大会。

- 保存基金财产管理业务活动的记录、账册、报表和其他基金相关资料。

- 以基金管理人的名义，代表基金份额持有人利益形式诉讼权利或者实施其他法律行为。

- 国务院证券监督机构规定的其他职责。

基金托管人的主要职责如下：

- 负责保管基金的所有资产。

- 执行基金管理人的投资命令，并负责办理基金名下的资金交割。

- 监督基金管理人的投资运作，若发现基金管理人的投资命令违法违规，可以不予执行并向中国证监会报告。

- 保存基金的会计账册，时间为 15 年以上。

- 编制基金业绩报告，提高基金托管情况说明，并向中国证监会和中国人民银行报告。

- 基金合同或托管协议规定的其他职责。

4. 获取基金信息的途径

在生活中很多投资者都很关注基金的相关信息，比如新基金的发行，某基金的运作情况，还有基金相关政策等。但投资者总是苦于找不到渠道去了解这些基金信息。

其实获取基金信息的途径很多，下面对其中几种较为普遍的方式进行介绍。

■ 通过基金公司获取信息

投资者可以通过基金公司自己的官方网站获取相关基金信息。下面以华夏基金为例。

进入华夏基金官方首页（http://www.chinaamc.com/），可以看到页面左侧，有多个基金种类可供有兴趣的投资者选择；页面右侧是当前华夏基金正在运行的一些具有代表性的基金产品，供投资者参考，如图 1-5 所示。

图 1-5　华夏基金首页

■ 通过财经门户网站获取信息

当今是网络信息的时代，出现许多财经类门户网站，提供众多财经信息，其中也包括基金信息，下面以和讯网为例。

登录和讯基金网站（http://funds.hexun.com/），在页面上有不同类型的基金供投资者选择了解，页面下方有实时的基金相关新闻，如图1-6所示。

Chapter 01
───── 初步了解基金 ─────

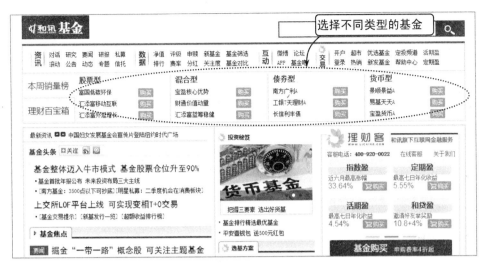

图1-6　和讯基金首页

　　显示在页面上方的是处于销量前三的各类基金产品，投资者可以根据自身情况选择查看，了解相关信息。

　　处于页面下方的是基金相关的时事新闻，进行基金投资相关的操作之前进行阅读，有助于投资者掌握当前基金行业的发展情况。

■ 通过购买机构了解基金信息

　　市场上的多数基金在通过银行或者证券公司进行发售的，投资者在银行或证券公司购买基金后。

　　同样可以在银行或证券公司的官方网站上获取相关基金信息，下面以中国工商银行为例。

　　登录中国工商银行的官方网站（http://www.icbc.com.cn），在"个人业务"选项中单击"基金"超链接，进入基金筛选器，如图1-7所示。

—PAGE 9—

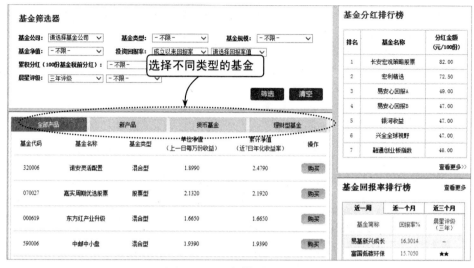

图 1-7　基金筛选器页面

　　投资者可以使用页面上方的"基金筛选器"，根据自己的实际情况进行基金的筛选。也可以在页面内直接选择查看全部基金产品、货币基金或理财型基金。

■ 基金相关的重要概念

　　初次接触基金的投资者，必须了解一些基金相关的重要概念，才能避免在基金投资中产生误区，造成多种误会，有利于投资者进行有效的基金投资。

- **基金发起人**：是指发起设立基金的机构，它在基金的设立过程中起着重要作用。通常情况下，基金发起人也是基金管理人。

- **基金合同**：证券投资基金设立和运作的首要文件，主要包括基金从设立、运作到终止的过程中基金管理人、基金托管人和基金份额持有人之间的权利与义务。

- **基金资产总值**：包括基金管理人以基金的资产购买的各类证券的价值、银行存款本息，以及其他形式存在的基金财产价值的总和。

- **发行价格**：是指基金发行时由基金发行人确定向基金投资者销售基金份额的价格。

- **市场价格**：是指基金投资者在市场中买卖基金份额的价格。

- **开放式基金的价格**：是指基金持有人向基金公司申购或赎回基金份额的价格，通常以基金份额资金净值为基础加上一定手续费计算而来。

- **机构投资者**：是指符合法律法规的规定，可以进行证券投资基金的、在中国注册登记或经中国政府有关部门批准设立的机构。

- **合格境内机构投资者（QDII）**：是指允许在资本账户没有完全开放的情况下，对海外资本市场进行投资的投资者。QDII 通过政府认可的机构来进行投资，即国内居民持有外币通过基金管理公司投资海外证券的机构投资者。

- **合格境外投资者（QFII）**：是指符合国家规定的可投资于中国境内证券的境外投资者。

- **开放日**：指可以办理开放式基金的账户、申购、赎回、销户、挂失、过户等一系列手续的工作日。

- **基金募集期**：指基金合同和招募说明书中载明的，并经中国证监会核准的基金份额募集期限，自基金份额发售日起最长不超过 3 个月。

- **基金托管协议**：为明确基金管理人与基金托管人之间的资产托管关系、各司职责、权益的法律性文件。主要内容包括基金资产构成、托管期限和方式、托管费用、投资项目的清算事项、资产估算等。

- **对冲基金**：是指运用期货、期权等金融衍生品以及对相关联的不同股票进行买空卖空、风险对冲操作策略的基金，在一定程度上可以规避和化解证券投资风险。

02
基金的分类

> 基金的数量众多、产品类型多种多样是其特色之一，可以很好地满足广大投资者的投资需要。基金按照不同的分类依据，可以进行不同的分类，拥有不同的特点。

1. 开放式基金与封闭式基金

科学严谨的基金分类，不仅有利于投资者正确选择基金，而且还有利于维护基金行业的公平竞争。构成基金的要素有很多，因此可以按照不同的标准对基金进行分类。

根据运作方式的不同，可以将基金划分为封闭式基金与开放式基金两类。

其中封闭式基金是指基金发起人在设立基金时，就固定了基金单位的发售总额，在基金募集期结束后，基金就宣告成立，在成立的同时将基金进行封闭。基金在封闭期内，不会接受新的投资，投资者也不能进行赎回。

封闭式基金的流通采取在证券交易所上市的办法，投资者在进行基金的买卖时，都必须通过证券经纪商在二级市场上进行竞价交易。

可以看出封闭式基金与股票具有一定的相似性，都是在证券交易市场挂牌交易，买卖方式也与股票一样。

相对于封闭式基金，开放式基金是指基金在设立时，不固定基金份额，基金份额也可以在基金合同约定的时间和场所内进行申购或赎回的一种基金运作方式。

封闭式基金与开放式基金的区别如下。

- **规模不同**: 封闭式基金规模固定, 且有固定的存续期; 开放式基金规模不固定, 投资者可以随时申购、赎回, 不存在固定的存续期。

- **交易价格不同**: 封闭式基金的交易价格会受到市场供求关系的影响, 从而交易价格波动较大; 开放式基金的交易价格以基金单位净值为基础, 不会出现折价现象。

- **买卖途径不同**: 封闭式基金在证券交易市场买卖, 需要缴纳手续费和其他相关税费; 开放式基金可随时向基金管理公司申购或赎回。

- **投资策略不同**: 封闭式基金没有赎回风险, 不用提取准备金, 因此可以充分运用资金, 进行长期投资; 开放式基金有赎回风险, 所以必须保留部分准备金, 用来应对投资者随时赎回。

- **管理要求不同**: 因为开放式基金可以随时赎回, 流动性较大, 风险相对较大, 所以对开放式基金管理人的管理水平要求更高。

2. 区分公司型基金与契约型基金

根据法律形式的不同, 可以将基金划分为公司型基金与契约型基金。两者的具体含义如图 1-8 所示。

公司型基金		
定义: 是指具有共同目标的投资者依据公司法组成以盈利为目的、投资于特定对象的股份制投资公司。又称为"共同基金"。	**特点**: 公司型基金的形态为股份公司, 公司业务主要集中在证券投资信托; 公司型基金的资金公司法人的资本即股份。	**分布**: 公司型基金在美国非常普遍, 且美国的绝大多数基金都是公司型基金。中国香港互惠基金、英国投资信托都属于公司型基金。

图 1-8 公司型基金与契约型基金的具体含义

契约型基金		
定义：是指基于一定的信托契约而成立的基金，一般由基金管理人、基金托管人与基金投资者三方通过基金合同而建立，又称为"单位信托基金"。	特点：契约型基金实际是经纪公司、基金公司自己作为委托公司设立基金，受托人接受公司委托，并以信托人或信托公司的名义为基金注册和开户。	分布：我国的基金在发展初期就全部都是契约型基金。同时契约型基金在欧洲与日本也较为发达。

图 1-8 公司型基金与契约型基金的具体含义（续）

站在投资者的角度看，无法发现公司型基金与契约型基金在运作方式上的不同。但两者在组织形式、法人资格等方面仍存在较大的不同，具体内容如下。

- **法律依据不同**：公司型基金按照公司法并依法成立；契约型基金按照基金合同成立，信托法是其设立的依据。

- **投资者地位不同**：契约型基金中，投资者只是作为基金的所有人和受益人，对基金的投资操作不具备发言权；而在公司型基金中，投资者是基金的股东，对公司的重要决策有发言权和建议权。

- **法人资格不同**：公司型基金是具有法人资格的股份有限公司；而契约型基金不具备法人资格。

- **融资渠道不同**：公司型基金具有法人资格，如果公司经营业绩良好，需要扩大公司规模，可以向银行贷款；而契约型基金不具有法人资格，一般不能向银行贷款。

- **运营时间不同**：契约型基金依据基金合同运行，合同到期，基金运行也就宣告结束。公司型基金与股份公司相同，只要公司不被破产清算，公司型基金就会一直存在。

如图 1-9 所示为截至 2014 年三季度前我国基金公司规模前 20 的排名，投资者多多关注相关的基金信息，有利于以后的基金投资。

2014年三季度末基金公司规模(截至9月30日) 数据来源：财汇

排名	管理人名称	开放式基金		封闭式基金		全部基金	
		净值总额(亿元)	市场占有率(%)	净值总额(亿元)	市场占有率(%)	净值总额(亿元)	市场占有率(%)
1	天弘基金	5479.91	14.17			5479.91	14.04
2	华夏基金	3478.57	9			3478.57	8.91
3	工银瑞信	2273.33	5.88			2273.33	5.82
4	嘉实基金	2120.78	5.48	134.78	36.49	2255.55	5.78
5	南方基金	1999.31	5.17			1999.31	5.12
6	易方达	1597.91	4.13	34.84	9.43	1632.75	4.18
7	广发基金	1482.14	3.83			1482.14	3.8
8	兴业全球	1125.41	2.91			1125.41	2.88
9	博时基金	1101.95	2.85			1101.95	2.82
10	中银基金	1050.36	2.72			1050.36	2.69
11	汇添富	1037.39	2.68			1037.39	2.66
12	招商基金	882.77	2.28			882.77	2.26
13	上投摩根	862.87	2.23			862.87	2.21
14	富国基金	704.75	1.82	32.57	8.82	737.32	1.89
15	大成基金	671.71	1.74	31.66	8.57	703.37	1.8
16	银华基金	690.77	1.79			690.77	1.77
17	建信基金	678.56	1.75			678.56	1.74
18	华安基金	639.37	1.65			639.37	1.64
19	景顺长城	583.68	1.51			583.68	1.5
20	鹏华基金	564.42	1.46			564.42	1.45

图 1-9 2014 年三季度基金公司规模排名

从图 1-9 中也可以看出我国的基金公司规模都较大，市场占有率最高的是天弘基金，是首只互联网基金，借助互联网平台将基金规模迅速扩大，其次是华夏基金，是我国的老牌基金。

多数基金产品集中在开放式基金中，表明开放式基金仍是当今基金行业的主流，只有少数基金公司在继续做封闭式基金产品。

3. 按投资对象分类

根据投资对象的不同，可以将基金划分为股票基金、债券基金、货币市场基金与混合基金等。

顾名思义，股票基金是指以股票为主要投资对象的基金。股票基金在各类基金中历史最为悠久，也是世界各国广泛采用的一种基金类型。

债券型基金主要以债券为投资对象。基金资产 80%以上投资于债券的称为债券型基金。

货币市场基金则以货币市场工具为投资对象。货币市场工具主要包括一年以内的银行定期存单、大额存单、一年以内的债券回购以及其他中国人民银行认可的具有良好流通性的金融工具。

混合基金是指同时以股票、债券等为投资对象，通过不同资产类别上的投资实现收益与风险之间的平衡。

根据《证券投资基金运作管理办法》的规定，投资者可通过以下方面来区分股票基金、债券基金、货币市场基金与混合基金。

● 基金资产60%以上投资于股票的是股票基金。

● 基金资产80%以上投资于债券的是债券基金。

● 仅投资于货币市场工具的基金称为货币市场基金。

● 投资于股票、债券和货币市场工具，且不符合股票基金与债券基金的规定的，称为混合基金。

4. 了解增长型、收入型和平衡型基金

根据投资目标、风险和收益不同，可以将基金划分为增长型基金、收入型基金与平衡型基金。

增长型基金是以追求资本的长期增值为基本目标，较少考虑当期收入的问题，主要以具有良好增长潜力的公司股票为主，例如有较大升值空间的小公司股票或新兴产业公司的股票。这类基金很少分配红利，而是将投资所得收益进行再投资，实现资本增值的最大化。

收入型基金是以追求当期收入为目的的基金。主要以大盘蓝筹股、公司债、可转让大额定期存单等收入稳定的有价证券为投资对象。

平衡型基金的目标介于增长型基金与收入型基金之间，既注重资本增值又注重当期收入的基金。在投资对象方面，平衡型基金选择一些兼顾成长性和收益性的股票和债券。

不同的投资目标，会带来不同的投资风险与投资收益。以上三类基金的特点如图1-10所示。

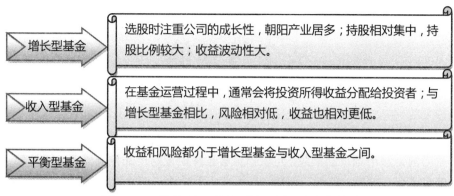

图 1-10　增长型、收入型与平衡型基金的特点

5. 其他特殊型基金

基金还可以按照募集方式的不同，分为公募基金与私募基金。其中公募基金是指可以面向社会公众公开发售的一类基金；私募基金是指采取非公开方式，面向特定投资者募集发售的一类基金。

根据基金的资金来源和用途不同，还可以将基金分为在岸基金和离岸基金。其中在岸基金是指本国募集资金并投资于本国证券市场的证券投资基金；离岸基金是指一国的证券投资基金组织在国外发售基金份额，并将募集的资金投资于本国或第三国证券市场的一类基金。

下面对基金中一些特殊的类型进行介绍，具体内容如图 1-11 所示。

系列基金：又称为伞型基金，是指多个基金共用一个基金合同，子基金独立运作，子基金之间可以进行相互转换的一种基金结合形式。

保本基金：是指通过一定的保本投资策略进行相应操作，同时引入保本保障机制，保证基金投资者在保本周期到期时，能获得投资本金保证的基金。

指数型基金：是指基金的操作按照所选定指数的成分股所占的比重，选择同样的资产配置以获取和大盘同步利益的投资模式。

交易所交易基金（ETF）：是指以某一指数的成分股为投资对象，尽可能与标的指数走势一模一样，是投资者安心获取指数的收益。

上市开放式基金（LOF）：是指在证券交易所上市，可以在证券市场上交易的开放式基金。

图 1-11　特殊型基金

03
基金与其他
理财产品的对比

当前金融市场日渐繁荣，可供投资者选择的理财产品种类繁多，较为常见的有基金、股票、债券、期货、外汇等。下面通过对比这些理财产品的优缺点，也让投资者加深对这些理财产品的了解。

1. 基金与期货、外汇的对比

期货是指以某种大宗商品或金融资产为标的物的标准化可交易合约。这个标的物可以是某种商品（黄金、原油、农产品等），也可以是某种金融工具（股票、债券等）。

外汇是指货币行政当局（中央银行、货币管理机构、外汇平准基金及财政部）以银行存款、财政国库券、长短期政府证券等形式保有的在国际收支逆差时可以使用的债权。

投资者可以通过与银行签约，开立信托投资账户，存入一笔资金（保证金）作为担保，由银行设定信用操作额度（20～400 倍的杠杆效应，超过 400 倍就违法）。投资者可在额度内自由买卖同等价值的即期外汇，操作所造成之损益，自动从上述投资账户内扣除或存入。

期货与外汇这两种理财产品风险很大，一般的投资者不适合参与其中。因为期货和外汇都是采取保证金交易机制，只要缴纳一定的保证金就能买卖数倍的金融资产，形成杠杆交易。正是杠杆的存在，将投资风险扩大，一般的投资者是无法承受这样的风险的。

与期货和外汇相比，基金的风险就小很多，有专业的基金公司负责管理运作，有实力雄厚的银行负责保管资产。

2. 比较基金与股票、债券

如果投资者已经形成了长期投资理念，那么股票、债券也是不错的投资理财方式。但投资股票与债券需要投资者自身有扎实的金融知识，足够了解金融市场，还要花费大量的时间和精力进行关注和研究。对基金和股票、债券的比较具体如图 1-12 所示。

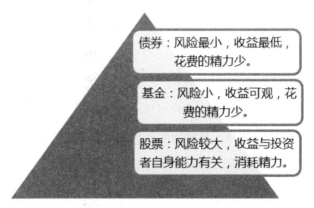

图 1-12　基金与股票、债券的对比示意图

投资者长期投资某只股票，主要会从市盈率和收益情况来考虑，可是普通投资者不可能完全地了解上市公司。

投资者买入时，可能市盈率很高，盈利状况好，但过了一段时间就可能会莫名其妙报出亏损，这主要是个人投资者信息来源的局限性。而基金公司作为专业的投资公司，则不会出现这种信息来源局限的问题，保证了基金的收益。

当投资者选择投资债券时，经常会将其与银行存款利率进行比较，仅仅满足与债券收益略高于存款利率。

但投资者永远无法掌握市场的运行状况，当存款利率上调时，可能会出现投资债券的收益低于储蓄收益的问题。而基金是由专业的基金管理人运作，将基金资产投入金融市场中，基金收益是随市场变化而变化的，不会再次出现上述债券收益的情况。

3. 理财产品收益与风险对比

投资者在选择理财产品之前，应该树立这样的投资观念：收益与风险是成正比的。在金融市场发展这么长时间以来，还没有出现过低风险、高回报的理财产品。

而现在市面经常出现那些打着低风险、高回报幌子的理财产品，让不少投资者上当受骗。这些理财产品绝大多数都属于非法集资行为，是被国家政府严令禁止的，是违法行为，投资者应时刻保持警惕，千万不要上当。

各种理财产品的收益与风险对比，如表 1-1 所示。

表 1-1　各种理财产品收益与风险对比

理财产品	特点	收益	投资目标	投资成本
基金	适合普通投资者，产品种类多	中等	不需要专业知识，不用花费太多精力，达到资本的保值与增值	交易费、托管费、其他相关费用，成本高
股票	流动性强，风险大，收益不稳定	高	需要专业知识和精力，达到资本增值的最大化	手续费和印花税等相关税费，成本较高
债券	风险小，收益低	较低	资本的保值与稳定盈利	获利税费与手续费
储蓄	风险小，收益低，受通胀影响	低	基本的货币保值	利息税
外汇	保证金交易机制，风险巨大	极高	利用汇率波动达到最大盈利	收取交易点差，成本比较高
期货	保证金交易，风险大	极高	短时间内获取高额收益	交易手续费，成本高

04
基金投资的
收益与费用计算

投资者将资金集合起来，由基金托管人负责保管，由基金管理人负责运作，投资者在获取一部分收益的同时，也应缴纳相应的费用。那么与基金相关的收益和费用到底有哪些呢？接下来进行详细学习。

1. 基金的收益与分红

基金的收益来源于基金资产的投资回报，与基金的种类紧密相关。基金的投资收益主要有三类，具体如图 1-13 所示。

图 1-13　基金的投资收益

下面对这三类基金的投资收益进行详细讲解，作为投资者选择或购买基金时的参考。

● **利息收入**：是指基金经营活动中因债券投资、资产支持证券投资、银行存款、结算备付金、存出保证金、按买入返售协议取出资金等而实现的利息收入。具体包括债券利息收入、资产支持证券利息收入、存款利息收入、买入返售金融资产收入等。另外开放式基金为了应付赎回风险而提取的准备金，储蓄在银行也会产生利息收入。

- **资本利得收入**：是指基金经营活动中因买卖股票、债券、资产支持证券等实现的差价收益，具体包括股票投资收益、债券投资收益、资产支持证券投资收益、基金投资收益、衍生工具收益等。

- **股利收入**：基金管理人将资产部分投资于股票，在基金运营期间，这些上市公司在每年都可能向其股东派发股利，股利收入也是基金收益的主要来源之一。

当基金投资获利时，就会产生红利，将这些红利分配给投资者的过程称为分红。而分红的方式又分为两种，具体如图 1-14 所示。

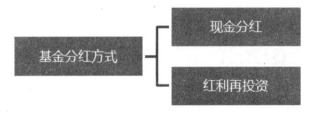

图 1-14　分红方式

下面对基金的两种分红方式进行详细讲解，帮助投资者了解基金的相关收益。

- **现金分红**：是指在红利发放日，从基金托管账户向投资者指定的银行存款账户划出应得红利，即向投资者直接发放现金。

- **红利再投资**：是指在红利发放日，将红利资金转化为相应的基金份额并记入投资者的账户，通常情况下免收再投资的费用。

有些基金的分红方式是可以选择的，这些条款在基金合同中都会记载。如果投资者想改变原来的分红方式，只需到办理基金业务的基金公司或代销机构柜台办理相关手续即可。

基金的分红是有一定先决条件的，具体内容如下。

- 基金当年收益弥补以前年度亏损后才可以进行红利分配。

- 基金收益分配后基金单位净值不能低于面值。

- 基金投资当期出现净亏损，不能进行分配。

● 基金成立不满 3 个月不能进行红利分配，年度分配在基金会计年度结束后的 4 个月内完成。

2. 费用的内扣法与外扣法

内扣法与外扣法是基金申购费用和份额的两种不同的计算方式，两者的区别在于：内扣法针对的是实际申购金额，即从申购总额中扣除申购费用；外扣法是针对申购金额而言，其中申购金额包括申购费和净申购金额。

2007 年 3 月，证监会发出《关于统一规范证券投资基金认（申）购费用及认（申）购份额计算方法有关问题的通知》，统一将内扣法调整为外扣法。

3. 基金认购费、申购费的计算

投资者在最初认购或申购基金时就涉及相关费用，就是认购费与申购费。

其中认购是指投资者在基金募集期按照基金的单位面值加上需要缴纳的手续费购买基金的行为，所以认购费的计算公式如下：

认购费=认购金额×认购费率

净认购金额=认购金额-认购费

外扣法的计算公式有所不同，具体如下：

净认购金额=认购金额÷（1+认购费率）

认购费用=认购金额-净认购金额

申购是指投资者在基金成立之后，按照基金的最新单位净值加上手续费购买基金的行为，所以申购费的计算公式如下：

申购费=申购金额×申购费率

净申购额=申购金额−申购费

我国在《开放式投资基金证券基金试点办法》中做出了相关规定，开放式基金可以收取认购费或申购费，但费用率不能够超过购买基金总金额的5%，目前市面上该费用率在1%左右。随着投资金额的增大，费用递减。

李某打算投入10万元认购一只新基金，基金单位面值是1元，该新基金的认购费率如表1-2所示。

表1-2　认购费率表

认购金额 N	认购费率
N < 100万	1.2%
100万 < N < 500万	0.8%
500 < N < 1 000万	0.2%
1 000 < N	每笔1 000元

那么李某实际可以认购多少份额的基金呢？

按照内扣法计算如下：

认购费=100 000×1.2%=1 200 元

净认购额=100 000 − 1 200=98 800 份。

因为基金单位面值为1元，所以李某可以认购到98 800份基金。

按照外扣法计算如下：

净认购额=100 000÷（1+1.2%）=98 814.23 元

认购费用等于100 000 − 98 814.23=1 185.77 元。

因此李某可以认购的基金份额为98 814 份。

4. 基金其他费用

投资者除了在初次购买基金时需要缴纳认购费或申购费，在基金的运作过程中，还会产生一些费用。这些费用主要包括两类，一类是基金管理费，另一类是基金托管费。

- **基金管理费**：是指支付给运作基金资产、为基金提供专业化投资服务的基金管理人的费用。其数额通常按照基金净值的一定比例提取，基金管理人是基金资产的管理者与运作者，对基金资产的保值或增值起着决定性作用，所以基金管理费用提取的比例相对较高。

- **基金托管费**：是指基金托管人为基金提供保管、处理基金资产等托管服务而向基金或基金公司收取的费用。托管费通常按照基金资产净值的一定比例提取，逐日计算并累计，在每月月末支付给托管人。这项费用主要从基金资产中提取，并不向投资者收取。

5. 前端收费与后端收费

基金的前端收费与后端收费主要针对于基金的申（认）购费。两者具体含义如图 1-15 所示。

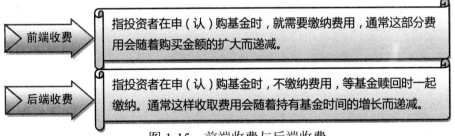

图 1-15　前端收费与后端收费

为了鼓励长期投资，希望投资者长期持有基金，不少基金公司都采取了"后端收费"模式。实现先投资后买单，投资者长期持有基金，既能获取更多收益，也能减少费用。

05
基金认购
申购与管理

投资基金不是简单的购买和赎回，更不能在投资后就置之不顾，坐收渔利。投资者在购买基金前，应了解基金认购与申购的区别，以及赎回的相关知识。

1. 基金的认购与申购

基金的认购与申购是在两个不同时间阶段购买基金的说法。投资者在购买基金后还面临如何管理的问题，接下来对这些问题进行详细讲解。

基金的认购是指投资者在一只基金募集期进行购买基金份额的投资行为，投资者在此时购买基金，每单位的基金份额净值为人民币 1 元，即初始值。

基金的申购是指基金募集期结束后，投资者在基金销售机构按手续购买基金份额的行为，此时的基金净值已经反映了基金投资组合的价值，所以每单位基金份额的净值不一定为人民币 1 元。

由此可以看出，投资者用同一笔资金认购和申购同一只基金所得到的基金份额不一定相同。

投资者购买基金是选择认购还是申购，应视具体情况而定。

● 通常在认购基金后有几个月的封闭期，这段时间内基金几乎是没有运作收益的。在封闭期后，基金的运作收益水平也不确定，所以投资者在认购基金前，必须对认购的基金有深入了解。了

解的内容包括基金的投资方向、基金公司的业绩与信誉、基金
经理的能力等。

● 投资者在购买基金时应注意到,认购费率与申购费率是不一样
  的,通常情况下认购费会低于申购费,因为认购基金有很大
  的不确定性,基金公司为鼓励投资者认购基金,会将认购费
  率降低。

● 所以现在越来越多的投资者选择申购基金,根据基金封闭期后
  的运作收益表现来决定是否购买,如果收益表现差,可以避免
  做出错误的投资。

2. 区分基金的赎回、巨额赎回与连续赎回

投资者在购买持有基金后,如果遇到各种现实情况,需要急用钱。
投资者可以将持有的基金份额卖出,称为基金的赎回。

基金赎回的相关概念具体如图 1-16 所示。

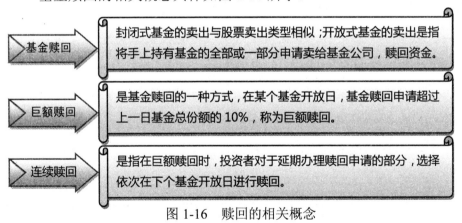

基金赎回	封闭式基金的卖出与股票卖出类型相似;开放式基金的卖出是指将手上持有基金的全部或一部分申请卖给基金公司,赎回资金。
巨额赎回	是基金赎回的一种方式,在某个基金开放日,基金赎回申请超过上一日基金总份额的 10%,称为巨额赎回。
连续赎回	是指在巨额赎回时,投资者对于延期办理赎回申请的部分,选择依次在下个基金开放日进行赎回。

图 1-16　赎回的相关概念

基金的赎回不是简单的申请过程,而是有严格的流程,具体如图 1-17
所示。

| 投资者填写赎回申请书 | 写明赎回的基金名称 | 写明赎回的基金份额 |
| 写明赎回款汇入的账户 | 确认基金托管人 | 基金托管人汇出款项 |

图 1-17　基金赎回流程

投资者从申请赎回基金到资金到账通常需要 3～4 个工作日，赎回的金额，按照卖出基金的份额数乘以赎回当日的基金净值计算得到。同时，基金赎回时也需要缴纳一定的赎回费。

当基金出现巨额赎回时，基金管理人通常会有两种处理办法。

● **全部赎回**：当基金管理人认为有能力兑付投资者的全部赎回申请时，基金管理人会按照正常赎回流程进行全部赎回。

● **部分赎回**：即基金管理人认为全部兑付投资者的赎回申请时有困难，又或是可能引起基金资产净值大幅波动的情况下，可以在当日接受赎回比例不低于上一日基金总份额的 10%的前提下，对其余赎回申请进行延期办理。

在某些特殊情况下，基金管理人可以拒绝接受或暂停基金投资者的赎回申请。具体如图 1-18 所示

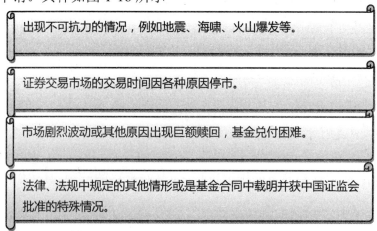

出现不可抗力的情况，例如地震、海啸、火山爆发等。

证券交易市场的交易时间因各种原因停市。

市场剧烈波动或其他原因出现巨额赎回，基金兑付困难。

法律、法规中规定的其他情形或是基金合同中载明并获中国证监会批准的特殊情况。

图 1-18　拒绝赎回申请的情况

06
基金投资
大环境与购买渠道

> 投资者在购买基金之前应对当前基金投资大环境有所了解，判断当前市场是否适合基金投资。接下来就对我国基金发展历史和我国基金投资的特点，还有基金购买渠道进行详细讲解。

1. 我国基金发展历史

我国的基金行业发展可以分为三个阶段：20 世纪 80 年代末至 1997 年 11 月 14 日《证券投资基金管理暂行办法》颁布之前的早期探索阶段；在《暂行办法》颁布实施后至 2004 年 6 月 1 日《证券投资基金法》实施前的试点发展阶段；以及《证券投资基金法》实施以来的快速发展阶段。

■ 早期探索阶段

1987 年，中国新技术创业投资公司与汇丰集团、渣打集团在中国香港联合设立了中国职业基金，首期筹资 3 900 万元人民币，直接投资于以珠江三角洲为重心的周边乡镇企业，并随后在香港联合交易所上市，标志着中资金融机构开始涉足投资基金业务。

1992 年 11 月经中国人民银行总行批准设立的淄博乡镇企业投资基金，是中国境内第一家较为规范的投资基金。该基金为封闭式基金，募集资金达 1 亿元人民币，60%投向淄博乡镇企业，40%投向上市公司，并于 1993 年 8 月在上海证券交易所挂牌上市。

在早期探索阶段中，我国的基金存在以下问题。

● 缺乏基本的法律法规，普遍存在法律关系不清楚、无法可依、监管不力的问题。

- 受地方政府要求服从地方经济需要，并没有将上市证券作为主要投资方向，而是将资金大量投入房地产企业等部门。

- 受房地产市场降温、实业投资成果无法变现以及贷款资产无法收回的影响，基金资产质量不高。

■ 试点发展阶段

1998 年 3 月 27 日，中国证监会批准成立南方基金管理公司和国泰基金管理公司，两家基金公司分别发起设立了两只规模均为 20 亿元的封闭式基金——基金开元和基金金泰。标志着中国证券投资基金试点的正式开始。

在试点发展阶段的早期，我国的基金以封闭式基金为主，2002 年 8 月，我国的封闭式基金数量达 54 只。随着开放式基金的推出，我国的基金行业加速发展。

在试点发展阶段，我国基金行业发展的特点如下。

- 基金运作逐渐规范化，监管部门加强了监管力度。

- 在封闭式基金成功试点的基础上又推出了开放式基金，使我国基金运作水平实现历史性进步。

- 对早期探索阶段的老基金进行了规范清理，通过资产置换、合并等方式改造为新的证券投资基金。

- 监管部门在加强监管力度的同时也出台一系列鼓励基金业发展的政策措施，促进了基金行业的发展。

- 开放式基金的迅速发展为基金产品的创新带来新的动力。

■ 快速发展阶段

2004 年 6 月 1 日开始实施的《证券投资基金法》，是我国基金行业发展的重要法律基础，标志着我国基金行业的发展进入一个新的阶段。在《证券投资基金法》之后，中国证监会不断出台基金行业相关法律法规，使得我国基金行业的法律体系逐渐完善。同时我国基金市场产品也不断创新，在 2004 年 10 月推出第一只上市开放式基金（LOF）——南方积极配置基金。

我国的基金行业在快速发展阶段主要有以下特点。

- 基金行业监管体系逐渐完善。
- 基金产品种类逐渐丰富，开放式基金开始取代封闭式基金成为市场发展的主流。
- 基金公司的业务逐渐多元化，规模也不断变大，出现了一批大规模的基金管理公司。
- 基金行业市场营销和创新服务不断发展，日益活跃。

2. 我国基金投资的特点

我国当前基金投资的特点具体如图 1-19 所示。

基金法律体系不断完善，监管力度逐渐加强，基金行业呈现健康向上的发展趋势。	基金规模不断扩大，利润水平逐渐升高，2014年第四季度基金利润总和达3 000亿。	基金产品种类多样化，基金投资风险凸显。当前市场仍以开放式基金为主。
基金公司对外合作加强，学习先进经验的同时也大胆走出国门。	基金市场产品也不断创新，单个基金的募集规模也不断打破历史记录。	

图 1-19　基金投资的特点

3. 购买基金的渠道与优缺点

随着基金行业的快速发展，投资者的认购渠道也日渐多样化，主要有：直销、代销、网上发售、柜台签售等。投资者有了更多选择的同时，也会感受到认购渠道形式多样化带来的困难。下面对购买基金的三种主要渠道及其优缺点进行介绍。

购买基金主要有三种渠道，具体如图 1-20 所示。

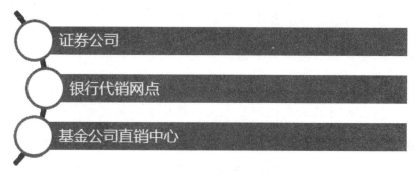

图 1-20　购买基金的主要渠道

证券公司通过与基金公司合作来代销基金，投资者在证券公司代销网点购买基金的优缺点如下。

- **优点**：代销的基金品种齐全，支持网上交易；证券公司的客户经理会主动介绍基金产品，投资者能及时咨询相关事项；投资者在证券公司购买基金，可以将证券、基金多种产品结合在一个账户里进行管理，大大方便了投资者的操作。

- **缺点**：证券公司的网点较少，首次办理业务必须本人到网点柜台办理；首次办理业务需开立资金账户，才能进行后续操作；证券公司可能会收取部分费用，提高投资者的成本。

基金公司的直销分为柜台直销和网上直销，柜台直销面向高端客户群体，有专业人员提高咨询服务；网上直销则面向广大中小投资者。投资者在基金公司直销中心购买基金的优缺点如下。

- **优点**：可以在网上进行开户、认（申）购、赎回等手续的办理；交易手续费有所优惠，不受时间地点影响。

- **缺点**：当投资者同时购买了多家基金公司的基金产品后，需要在不同的基金公司去办理手续，投资操作太过麻烦。

银行是最为传统的基金购买渠道，目前，大多数银行都会代销基金产品，投资者在银行代销网点购买基金的优缺点如下。

● **优点**：银行网点多；投资者在银行存取款方便。

● **缺点**：银行代销的基金产品种类有限，以新基金居多；在银行购买基金，无法享受费用优惠。

4. 选择适合自己的购买渠道

投资者购买基金的渠道多种多样，每种渠道都有自身独特的优势和一些不足的地方，投资者只需要根据自身的实际情况选择适合自己的购买渠道即可。

对于已经工作的年轻朋友，有稳定的工作收入和多种理财需求，更加适合在证券公司购买基金，实现一站式理财管理。将多种投资产品放在一个账户里进行管理，利用网上交易或电话委托进行操作，更加便利。

投资于股票的股民朋友也适合在证券公司购买基金，直接使用原有的证券资金账户，十分方便。

对于稍微年长的中老年基金投资者而言，周边的银行网点是不错的选择，银行的客户经理也会对投资者进行产品介绍，实力强大的银行也让中老年投资者放心不少。

对于专业知识较为丰富，有充足时间的投资者而言，基金公司直销中心是很好的选择，不仅节省了中间费用，还有更为优质的服务。

李先生有稳定的工作和收入，在家庭稳定下来后，打算进行投资理财，通过了解后选择了基金，打算购买一份开放式基金产品。但他在住房附近看见银行、证券公司和邮政储蓄都有销售基金的业务。

面对这么多销售渠道，到底在哪里购买基金更好呢？李先生先去银行咨询了一下，发现这家银行的工作人员竟然不知道他们银行目前正在销售哪些基金，对基金的相关问题也无法做出明确回答。无奈之下，李先生找到在证券公司工作的朋友，朋友告诉他，证券公司的网上交易系统就能购买开放式基金，同时还可以操作其他理财产品，令李先生非常动心。

最终李先生就在证券公司开通了证券账户，去证券公司签署了购买基金的协议，然后在家里通过证券公司网上交易系统轻松买到自己需要的基金。

Fund
—— 手把手教你学基金投资 ——

第 2 章

开始选择基金

通过上一章基金基础知识的学习，读者朋友们是不是有些心动呢？有了基础之后，投资者就可以从自身实际情况出发，按照一定的原则去选择适合自己的基金。而选择基金的原则主要是从基金公司、基金经理、基金业绩等方面。

01
依据基金公司
选择基金

> 基金公司通常是基金的发起人，也是基金管理人，负责向投资者发行基金、寻找托管银行、雇佣基金经理进行投资操作等。所以一个基金公司的管理水平、投资能力、研发投入等会直接影响到基金的投资收益，与投资者的利益息息相关。

1. 从多方面考察基金公司

目前国内知名的基金公司就达 90 多家，有老牌的基金公司，如华夏基金、南方基金等，也有新成立的基金公司；有资金雄厚的大型基金公司，也有灵活操作的小型基金公司；有中资基金公司，也有外资参股的合资基金公司。

那么是否就应该从成立时间、规模等方面去考察基金公司呢？在牛市中，每个基金公司都会有一些收益不错的基金产品；到了熊市，多数基金公司因无法预判风险或因操作失误，导致基金资产发生亏损。一般来说，优秀的基金公司有以下三个特征，具体如图 2-1 所示。

第一个特征
•结构完善
•股权稳定

第二个特征
•公司形象好
•服务态度好

第三个特征
•产品完善
•费用较低

图 2-1　优秀的基金公司

■ 结构完善且股权稳定

优秀的基金公司，应具有合理的股权结构和规范的公司管理结构，保证基金公司各股东之间相互制约。另外，基金公司还应该不断完善独立董事制度，保证独立董事在公司决策时应有一定的话语权。

基金公司股东的实力以及对公司管理的重视程度，是基金公司不断发展的重要基础。在我国的基金行业中，证券公司参股的基金公司能够获得专业人才和信息方面的支持，在基金资产的投资运作上有优势。

投资者在各个基金公司的官方网站就可以查看到该基金公司的相关介绍，主要是公司的背景、股东组成、历史成就等方面。下面以嘉实基金为例，如图 2-2 所示。

图 2-2　嘉实基金简介信息

投资者还可以单击页面左侧的更多选项，进行其他方面的了解，如嘉实基金的文化、嘉实基金的荣誉以及投资专长等。

■ 公司形象好与服务态度好

基金公司是为投资者管理资产、追求资产保值、增值的金融机构，所以依法经营、诚信经营，将投资者利益放在第一位是基金公司的基金原则。在此基础上，基金公司只有为投资者提供更优质的服务，赚取更高的投资收益，才能得到广大投资者的肯定，树立起良好的公司形象，取得更多投资者的信任。

投资者在选择基金公司时，应重点关注该公司的服务质量和市场形象。另一方面，投资者还应了解基金公司对旗下基金产品的管理、运作以及相关信息的披露是否及时、准确、全面。

基金公司旗下基金产品的销售情况，也是基金公司市场形象的反映。市场形象好，其发行的基金产品也会受到投资者的欢迎，投资者购买后也会长期持有。

■ 产品完善且费用低廉

投资者在选择基金公司时，还应关注该基金公司是否具有健全、完善的产品体系。产品体系完善的基金公司为投资者提供更全面的基金选择，不同风险偏好的投资者也可以找到适合自己的基金产品。

投资者可以登录基金公司的官方网站或通过宣传资料了解基金公司的产品线。下面以易方达基金公司为例，如图 2-3 所示。

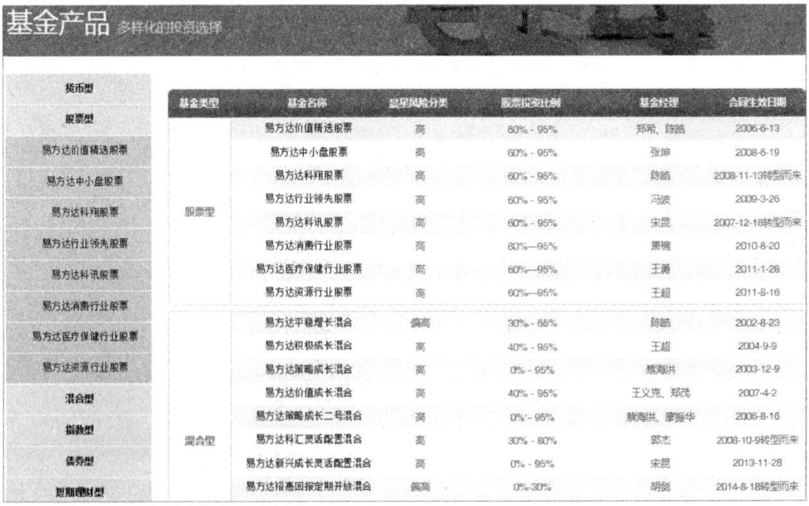

基金类型	基金名称	晨星风险分类	股票投资比例	基金经理	合同生效日期
股票型	易方达价值精选股票	高	60% - 95%	郑希、陈皓	2006-6-13
	易方达中小盘股票	高	60% - 95%	张坤	2008-6-19
	易方达科翔股票	高	60% - 95%	陈皓	2008-11-13转型而来
	易方达行业领先股票	高	60% - 95%	冯波	2009-3-26
	易方达科讯股票	高	60% - 95%	宋昆	2007-12-18转型而来
	易方达消费行业股票	高	80%—95%	萧楠	2010-8-20
	易方达医疗保健行业股票	高	60%—95%	王勇	2011-1-28
	易方达资源行业股票	高	60%—95%	王超	2011-8-16
混合型	易方达平稳增长混合	偏高	30% - 65%	陈皓	2002-8-23
	易方达积极成长混合	高	40% - 95%	王超	2004-9-9
	易方达策略成长混合	高	0% - 95%	魏海洪	2003-12-9
	易方达价值成长混合	高	40% - 95%	王义克、郑茂	2007-4-2
	易方达策略成长二号混合	高	0% - 95%	魏海洪、廖振华	2006-8-16
	易方达科汇灵活配置混合	高	30% - 80%	郭杰	2008-10-9转型而来
	易方达新兴成长灵活配置混合	高	0% - 95%	宋昆	2013-11-28
	易方达裕惠回报定期开放混合	偏高	0%-30%	胡剑	2014-8-18转型而来

图 2-3 易方达基金产品

投资者可以在页面左侧选择不同投资品种的基金产品，主要以自身情况为基础，在页面中间显示的就是具体的基金产品，投资者可依次单击基金产品名称进入基金产品的详细介绍页面，进行更深入的了解。

2. 了解基金公司的投资风格

一个优秀的基金公司，在旗下基金产品收益良好的情况下，会形成自己鲜明的投资风格。所谓的投资风格是指基金公司在长期运作基金资产过程中形成独特的优势。例如有的基金公司擅长运作股票型基金，有的基金公司擅长运作债券型基金。

所以投资者在了解基金公司时，应重点关注该公司擅长的基金产品，这些产品往往是基金公司大力推销的。

对于同一类型的基金产品，不同的基金公司的投资风格也不相同。同样对于股票型基金，有的基金公司喜欢投资大盘蓝筹股，有的基金公司喜欢投资小盘题材股。投资者可以通过基金产品的名称对该产品做出简单的了解。

- **价值、核心类基金**：通常是投资于大盘蓝筹股和有潜力的长期价值增长型公司，主要特点是低换手、持股时间长。这类基金产品是投资者进行长线投资较好的选择。代表基金产品有：易方达价值精选、博时价值增长等。

- **成长、增长类基金**：是指将基金资产投资于快速发展的成长型企业，最大化投资利益。换股频繁，交易次数多，带来高风险高收益。代表基金产品有：易方达策略成长、南方高增长、华宝兴业增长等。

- **优选、精选类基金**：这类基金产品没有明确的投资风格，有的侧重于股票投资，有的侧重于债券投资。总的来说，这类基金的风险小于成长、增长类基金，收益也相对低一些。代表基金产品有：华夏大盘精选、海富通精选等。

- **红利类基金**：这类基金产品更多地关注上证红利指数的成分股，这些成分股的主要特点是股息率高、现金分红多。这类股票具有持续、稳定的分红能力，从中长期看，股价波动不会很大。代表基金产品有：光大宝德信红利、华夏红利等。

- **稳健类基金**：这类基金追求的是稳定的收益，所以投资风格相对保守。在承担一定风险的基础上，分享中国经济和证券市场增长的红利。这类产品的主要特点与价值、核心类基金相似，在运作时都秉承低换手，长期持有的原则。代表基金产品有：广发稳健增长、华夏稳健增长等。

- **主题类基金**：这类基金的数量是最多的，且同质化的情况很少出现，因为基金公司的基金产品是按照不同的投资理念和风格去开发的，这类基金能很好地反映基金公司的投资风格。这类基金产品投资的股票都是与主题紧密相关的，所以投资者对某个行业感兴趣，可以在基金公司选择相应的基金产品。代表基金产品有：华夏中小板 ETF、广发小盘成长、兴业全球视野等。

下面介绍一个生活中投资者的基金实战案例。

王先生马上要从单位退休下来，个人储蓄有 50 万元左右，儿子向他介绍了基金理财投资，他对此很感兴趣。就去做了相关了解，在了解之后他选中了以下几个基金产品。

【产品一】

基金产品名称：易方达价值精选股票型证券投资基金。

基金类型：股票型基金。

基金托管人：中国工商银行股份有限公司。

资产规模：3 492 515 103.00 元。

投资比例：股票资产占基金资产比例 60%～95%。

投资目标：追求超过基准的投资回报及长期稳健的资产增值。

【产品二】

基金产品名称：华夏财富宝货币。

基金类型：货币型。

基金托管人：中国工商银行股份有限公司。

资产规模：41 324 693 552.10 元。

投资比例：固定收益投资占 40%，银行存款和结算备付金占 50%。

投资目标：在力求安全性的前提下，追求稳定的绝对回报。

【产品三】

基金产品名称：天弘稳利定期开放债券型证券投资基金。

基金类型：债券型。

基金托管人：中国工商银行股份有限公司。

资产规模：不详。

投资范围：国债、央行票据、金融债、公司债、地方债等。

投资目标：风险收益预期高于货币市场基金，低于混合型基金和股票型基金。

李先生在这三个基金产品中犹豫了很久，陈先生是李先生的朋友，有十几年的投资经验，结合李先生的实际情况，生活稳定，儿女已经建立自己的家庭，日常开支不大，主要支出是健康、医疗等方面。最终陈先生建议李先生选择了一款债券型基金，风险相对小，收益稳定，非常符合李先生的实际情况。

3. 判断基金公司的创新能力

投资者在选择基金前，应树立一个理念：基金公司的研发能力是基金持续盈利的基础。

有经验的投资者，可以通过查看基金公司的研究报告、公告等，来分析该公司的创新能力。

一般的投资者没有充足的时间和知识储备，那么可以借助以下两个方法。

- 通过查看基金公司旗下所有基金产品业绩的一致程度，即每个基金产品在同类产品中的业绩排名是否相似。如果基金公司旗下的所有基金产品都位居前列，说明这些基金产品受个别基金经理能力的影响较小，基金公司整理创新能力较强。相反，如果基金公司旗下同类产品之间业绩差距较大，说明基金在运作过程中没有得到基金公司太多的帮助，那些业绩好的产品多数是受到基金经理的影响。

- 基金持股的稳定性，同样是判断基金公司整体创新能力的重要指标。基金公司通常会在定期报告中向投资者公示基金的持仓结构。如果一个基金公司旗下基金频繁买卖股票，说明这家基金公司没有明确的投资方向，创新能力有待加强。特殊类型的基金产品运作需要的情况除外，如成长、增长类基金。

4. 4P 标准

国外的基金行业历史悠久，体系成熟，在发展过程中形成了一个通行而有效的 4P 标准，将这个 4P 标准运用到我国的基金行业，同样是适用的。4P 标准的具体内容如图 2-4 所示。

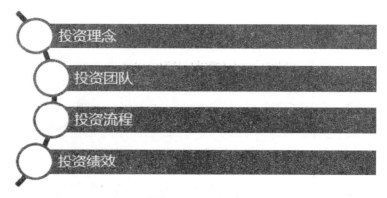

图 2-4　4P 标准

■ 投资理念

投资理念是第一个 P，是 Philosophy 的缩写。投资者在关注基金公司时，应重点关注该公司的投资理念是否成熟而有效，然后根据自身情况，看自己是否认同这一理念进而认同该基金公司的投资风格。下面介绍几种著名的投资理念。

● **价值投资理念**：以巴菲特为代表的价值投资，该理念注重于股票的内在价值，而不在意股价的日间波动。具体来讲是指以对影响证券投资的经济因素、政治因素、行业发展前景、上市公司的经营业绩、财务状况等要素的分析为基础，以上市公司的成长性以及发展潜力为关注重点，以断定股票的内在投资价值为目的的投资策略。

● **对冲投资理念**：对冲是指同时进行两笔行情相关、方向相反、数量相当的交易。行情相关是指影响两种商品价格行情的市场供求关系存在同一性，供求关系若发生变化，同时会影响两种商品的价格，且价格变化的方向大体一致。方向相反指两笔交易的买卖方向相反，这样无论价格往什么方向变化，总是一盈一亏。

● **量化投资理念**：量化投资就是借助现代统计学、数学的方法，从海量历史数据中寻找能够带来超额收益的多种"大概率"策略，并纪律严明地按照这些策略所构建的数量化模型来指导投资，力求取得稳定的、可持续的、高于平均的超额回报。个人进行量化投资的难度很大，但基金公司有专业的人员、设备等条件进行量化投资。

■ 投资团队

投资团队是第二个 P，是 People 的缩写。基金公司投资研究团队的能力强弱，是影响基金收益的一个极为重要因素。

分析投资团队，应主要看团队的组建时间和团队稳定性。组建时间较长，说明内部稳定，体系成熟，则这个团队通常会是一个成功的团队，能给基金产品带来持续的、稳定的收益。

■ 投资流程

投资流程是第三个 P，是 Process 的缩写。科学严谨的投资流程可以有效地规范基金管理人的投资行为，是基金产品获取长期的、持续的收益基础。

投资流程中涉及基金公司内部管理制度，近年来偶尔报道基金行业的恶性新闻，都是因为基金公司内部管理制度不完善，投资流程不够严谨，造成的失误，不仅给投资者带来损失，也给整个金融市场带来负面影响。

■ 投资绩效

投资绩效是第四个 P，是 Performance 的缩写。投资者在选择基金时，还应重点关注该基金的历史投资业绩，从而对该基金未来业绩做一个合理的预期。投资绩效无疑是一个简单、直观的技术指标，但对于新基金作用不大。

对于基金公司发起的新基金，投资者可以将其与基金公司旗下其他同类型的基金业绩进行比较，从而做出一个合理预期。

02
根据基金经理
选择基金

投资者在选择好基金公司后，还需要选择一位优秀的基金经理。在投资一只基金产品前，投资者应该要知道这只基金的基金经理是谁，他的资料如何、能力如何。

1. 了解基金经理

基金经理是基金产品最终能否获利的关键因素，知识面广、信息渠道多、投资经验丰富的基金经理往往能有好的业绩，给投资者带来更多收益。因此，在购买基金时，选择一位好的基金经理非常重要。

基金经理是指受基金公司的委托，对基金进行管理和运作的负责人。基金经理在基金运作中起着决策性作用，其好坏直接影响到整个基金的业绩表现。

选择基金经理时，应对其进行较为全面的了解。投资者可以通过以下几个方面对基金经理进行选择。

- **专业知识**：基金经理作为基金资产投资运作的决策人，应具备全面、扎实的专业知识。良好的专业知识基础，是其管理、运作基金资产的基本保障。这方面可以参考基金经理的学历，但不具有决定性作用。

- **工作经验**：一个经验丰富的基金经理对市场了解程度高，获取信息的渠道广，这两方面都有利于基金的管理与运作。

- **岗位稳定**：站在投资者的角度看，不能频繁地更换基金经理，在选择时就应根据实际情况进行合理选择。另外，也要考虑基金经理自身任职的稳定性，如果一个基金经理经常更换工作单位，能力方面不予评价，但缺乏一定的责任心。

- **职业道德**：基金经理在基金资产运作过程中，掌握着大量的资金，因此其职业道德是至关重要的。投资者可以根据基金公司以及第三方评级机构对基金经理的评价进行了解和选择。

- **投资风格**：基金经理的投资风格决定了基金产品的风格。基金经理长远的战略眼光、完善的投资计划、敏锐的市场洞察力等都将对基金收益做出有利影响。

总而言之，基金经理是管理运作基金资产的人，相当于基金投资者的资产管家，选择一位能力出众，职业道德高尚值得信任的基金经理是投资获利的重要条件。

2. 多角度考察基金经理

优秀的基金经理又被称为"金牌基金经理"，历史投资收益率是评价一个基金经理是否优秀的基准，也是最重要的因素。我们不应局限于关注基金经理的工作经验、专业知识、职业道德等方面，还可以通过以下方面对基金经理进行多角度考察。

● 投资理念：一个优秀的基金经理总会有自己鲜明的投资理念，与价值投资、对冲投资、量化投资等理念不一定完全相同。优秀的基金经理会在长期的基金运作过程中总结经验、吸取教训，形成自己独特的投资理念。如前华夏基金副总裁王亚伟先生，他的投资理念以价值投资为核心，着重关注重组股和冷门股，利用分散组合的方法来降低风险，倡导投资者在选股时应关注股票的财务价值，更应关注股票的并购价值。

● 基金费用：投资者在选择基金产品时，往往会因某些基金高额的费用而却步。从基金的时间来看，新基金的费用通常比老基金高；从基金的规模来看，小规模的基金费用比大规模基金高。而优秀的基金经理管理运作的基金，费用通常相对较高，这是留住实力强大的基金经理的重要保证。

优秀的基金经理能给投资者带来更多的投资收益，而能力一般甚至职业道德低下的基金经理往往会给投资者带来重大损失。其中"老鼠仓"就是其中影响极大的一种情况。

老鼠仓是指基金经理在用基金资产拉升股价之前，通知自己的亲戚朋友或其他有关系的投资者在低位建仓，待用基金资产将股价拉升至高位后，先让自己人卖出获利，最后亏损的是基金资产，是基金投资者。可见选择一名优秀可靠的基金经理是十分必要的。

马乐，硕士。2006 年加入博时基金，历任研究员、专户投资经理、博时精选基金经理。

2013 年 7 月下旬，有关原博时精选股票基金经理期间马乐牵涉 70 多只个股，10 亿元资金的"老鼠仓"案浮出了水面，这也成为国内最大的"老鼠仓"。6 月 21 日博时基金曾发出公告，马乐以身体不适为由，离开了博时基金。

9 月 2 日，深圳市人民检察院消息，该院以涉嫌利用未公开信息交易罪批准逮捕犯罪嫌疑人马乐。

侦查机关初步查明，2011 年 3 月 9 日至 2013 年 5 月 30 日，犯罪嫌疑人马乐在担任"博时精选"基金经理期间，利用"博时精选"交易股票的非公开信息，操作自己控制的 3 个股票账户，通过临时购买的不记名神州行卡电话下单，先于或同期于其管理的"博时精选"基金买入相同股票 76 只，成交金额 10 亿余元，获利近 2 000 万元。

而鉴于博时基金相关制度不能有效执行，给基金持有人造成较大的投资损失，对行业产生负面影响，中国证监会决定对博时基金采取责令整改 6 个月的监管措施，整改期间暂停受理博时基金的新产品和新业务审批。

可以看出一名职业道德败坏的基金经理对基金的影响是致命的，对基金资产的损害极大，同时也让投资者面临重大损失，打击投资者的投资信心，对整个金融市场的环境都是百害而无一利。

3. 选择基金经理的原则

一个优秀的基金经理会带来优秀的投资业绩，从而给投资者带来更多的利润回报。投资者在选择基金经理时，除了关注其本身的专业知识、投资业绩、职业道德、投资风格等综合素质之外，还应该注意以下四项选择基金经理的基本原则。

- **稳定第一**：只有稳定的基金经理才能给基金资产带来稳定的增值。市场发展有一定的周期性，股价波动也有一定的阶段性，国民经济发展更是遵循一定的运行规律。这些周期性因素和阶段性变化对资产配置品种有着重大影响，也影响着基金经理的投资业绩。如果基金公司长期频繁更换基金经理，或是基金经理经常跳槽，其投资业绩的不乐观也是可想而知的。

● **基金经理应是多面手**：实战经验证明，具有丰富实战投资经验的基金经理，在基金资产运作中的收益率较高。所以基金经理应对多种投资对象都有掌握，既是优秀的投资研究人员，也是一名出色的投资操盘手。优秀的基金经理，应该是一个熟悉多种投资对象、包括研究和投资、营销在内的多面手。

● **个性化不能太突出**：基金经理不能太个性化，其个性化应建立在遵循产品运作规律与资产配置组合运行规律的基础上。投资者在选择基金经理时，不应过于注重基金经理的个性及其投资风格。一只基金运作得好坏，是基金经理背后团队力量的作用，作为基金经理只是指挥和引导的作用，因此不应过度崇拜基金经理，同时也要关注其背后的投资团队以及基金公司。

● **业绩稳定**：一只基金如果能保持基金净值的持续增长和份额的稳定，对提升投资者继续持有的信心是具有积极意义的，也是衡量一只基金运作好坏的重要评判标准。因此投资者在选择基金经理时，应注重其长期业绩，而不是过度关注其阶段性的业绩增长。

一只基金运作得好与坏，不仅是基金经理的功劳，其背后的投资团队也发挥了极重要的作用。这涉及基金管理的方式不同，由于管理方式不同，基金经理对基金投资收益的影响程度也不同。基金管理方式大致可以分为三类，具体内容如图 2-5 所示。

| 单个基金经理型 | 基金的投资决策由基金经理独自决定，投资团队其他成员分别为基金经理提供调研、交易、信息等支持。总而言之，基金经理是团队的绝对核心，对基金投资收益的影响相当强。 |
| 多个基金经理型 | 该管理方式下，每个基金经理单独管理一部分基金资产，多出现在混合型基金中。由于不同基金经理负责不同投资品种的投资决策，所以每个基金经理对投资收益都有一定的影响。 |

图 2-5　基金管理方式分类

决策小组型 基金	是指由两个以上的基金经理共同进行投资决策，单个基金经理之间的权责没有明确的划分，通常会选择一名组长负责最终决定。但在这种管理方式下，单个基金经理很难影响投资收益。

图 2-5　基金管理方式分类（续）

4. 基金经理变动的应对方法

基金经理发生变动是选择基金公司和基金经理后不可避免的现象。当基金经理变动后，投资者应根据自身的基金情况做出相应操作。因为不同的基金类型，受到基金经理变动的影响程度也是不同的。在所有类型的基金中，有三类基金受基金经理变动的影响不大，主要内容如图 2-6 所示。

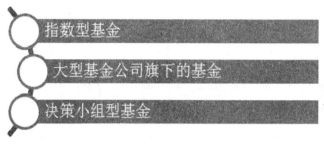

图 2-6　受基金经理变动影响小的三类基金

当投资者购买的是指数型基金时，不用太担心基金经理变动带来的影响。因为指数型基金一般是模仿指数，按照指数的比例将资金投资于成分股，所以基金经理的变动对基金的运作影响并不大。

如果投资者购买的基金是决策小组型基金，那么单个基金经理的变动不会对基金产品运作产生太大的影响，如果是整个决策小组的变动就另当别论了，但这种情况发生的可能性不大。

投资者购买了大型基金公司旗下的基金产品应该是比较放心的，业绩好、口碑好的基金公司往往有着优秀的基金管理团队，当一个基金经理变动后，会有其他的优秀基金经理顶替，所以投资者也不用太多担心。

一只基金的基金经理变动后，主要产生以下三种情况。

● **持股情况变化：**基金的持股情况发生大幅度变动时，表明基金的投资策略也在发生变化。对于基金持股情况的变化，投资者可以在基金公司的公告中了解。

● **基金规模变化：**基金经理变动后，投资者可能会对该基金进行申购或赎回，基金规模将产生变化。基金规模若大幅度变化，相应的投资策略也将会发生变化。

● **管理方式的变化：**在基金经理变动后，基金的管理方式也可能出现重大变化。例如，由多个基金经理共同管理决策变成单个基金经理独自管理，这方面的内容，投资者同样可以在基金公司公告中看到。

03
分析基金业绩
选择基金

基金业绩，即投资收益，是判断一只基金好坏、有没有投资价值的直接标准，也是最主要的标准。那么投资者在拿到一只基金的历史业绩时，应如何进行判断呢？

1. 业绩是否达到预期

基金业绩，即投资收益，是判断一只基金好坏、有没有投资价值的直接标准，也是最主要的标准。那么投资者在拿到一只基金的历史业绩时，应如何进行判断呢？

每只基金在发起募集资金时，都会公布自己的业绩基准。投资者的注意力往往被投资收益、费用、基金类型等方面吸引，而忽视了业绩基准这一重要信息。

事实上，基金的业绩基准对判断未来基金的业绩有着重要作用。投资者将购买持有的基金当前的收益情况与该基金的业绩基准进行比较，收益情况就一目了然。通常情况下，基金的上涨与下跌应该和它的业绩基准相一致。

如果一只基金收益大幅度低于它的业绩基准，那么就可以判断该基金没有产生良好的收益，在未来也不会有太大的投资价值，投资者可据此对自己的投资策略进行改变，选择赎回基金或转换基金；如果当一只基金收益大幅度高于其业绩基准，则证明该基金资产得到良好的增值，未来的投资价值较大。

每只基金的业绩基准都可以在招募说明书或基金合同中找到，没有相关信息渠道的投资者也可以在基金公司的官方网站上查找相关信息。

下面以易方达基金为例，如图 2-7 所示为易方达岁丰添利债券型基金的详细资料示意图。

基金名称	易方达岁丰添利债券证券投资基金
基金代码	161115
基金类型	债券型基金
基金合同生效日	2010年11月9日
基金托管人	中国银行股份有限公司
资产规模	219 256 939.17元（数据来源于2014年4季报）
固定收益投资比例	83.33%（数据来源于2014年4季报）
投资范围和比例	投资品种：国债、央行票据、金融债、企业债、短期融资券、公司债、可转换债券（含分离型可转换债券）、资产支持证券、债券回购、银行存款等固定收益品种、股票、权证以及法律法规或中国证监会允许基金投资的其他 金融工具。本基金不直接从二级市场买入股票、权证等权益类资产，但可以参与一级市场新股申购或增发新股，并可持有因可转债转股 所形成的股票、因所持股票所派发的权证以及因投资可分离债券而产生的权证等。 投资比例：债券等固定收益类资产的比例不低于基金资产的80%，其中，信用债券的投资比例不低于固定收益类资产的40%，股票等权益类资产的比例不高于基金资产的20% 。开放期内，现金以及到期日在一年以内的政府债券不低于基金资产净值的5%。
投资目标	本基金通过主要投资债券品种，力争为基金持有人提供持续稳定的高于业绩 比较基准的收益，实现基金资产的长期增值。
业绩比较基准	三年期银行定期存款收益率+1.2%
风险收益特征	本基金属证券投资基金中的低风险品种，理论上其长期平均风险和预期收益率低于混合型基金、股票型基金，高于货币市场基金。

图 2-7　易方达岁丰添利债券型基金

该基金是易方达岁丰添利债券型证券投资基金，从名称可以看出该基金属于债券型基金，风险较低，收益不会太高。

从该基金的详细资料中可以看到，业绩比较基准是三年银行定期存款收益率+1.2%。投资者可以将了解到的业绩比较基准与该基金当前收益进行比较。

2. 业绩与大盘走势的比较

对于多数股票型基金而言，其投资收益情况与股票大盘的走势是紧密相连的。如果一只股票型基金在一段时间内的投资收益比大盘还低，只能说明该基金的运作是失败的，没有继续投资的价值。相反，如果一只股票型基金在一段时间内的投资收益比大盘高，甚至高很多，说明该基金的业绩良好，具有长期投资价值。

购买股票型基金的投资者应明白手里的基金与股市大盘存在水涨船高的关系，股市大盘的上涨必然会带动股票型基金收益的上涨。下面以华夏优势增长股票基金为例。图 2-8 所示为华夏优势增长股票基金的业绩表现示意图。

业绩表现

华夏优势增长股票*历史收益记录　　　　　　　　　　　截止日期 2015-03-2?

项目	净值增长率(%)
今年以来	34.83
过去一周	5.60
过去一月	17.95
过去一季	34.63
过去半年	49.88
过去一年	59.08
过去两年	58.40
过去三年	69.33
过去四年	25.94
过去五年	58.43
成立以来	283.89

图 2-8　华夏优势增长股票基金

为了方便计算和比较，我们以今年以来，即 2015 年 1 月至 4 月的收益为例，华夏优势增长股票基金当期的收益率为 34.85%，同时期的大盘指数增长率为多少呢？我们根据图 2-9 可以进行计算得到。

从图中可以看出，2015 年 1 月 5 日，大盘指数为 3347 点，而在 2015 年 3 月 27 日，大盘指数为 3689 点。

图 2-9　大盘 K 线图

计算过程如下。

大盘收益=（3 689-3 347）÷3 000=11.4%

即大盘收益为 11.4%，远远低于华夏优势成长股票基金 34.85% 的收益率。表明该基金的资产得到充分有效的运作，给投资者带来丰厚的收益回报，具有投资价值。

3.　与同类基金业绩进行比较

基金的类型多种多样，投资者不应将不同类型的基金进行比较，更不应将不同基金间的收益进行比较。但投资者可以将同一类的基金放在一起对其收益进行比较。

如果投资者购买的基金在同类型的基金中收益较高，那么说明该基金的业绩在同类基金中位居前列。

投资者可以继续持有，不必急于赎回。如果投资者购买的基金在同类型的基金中收益处于中下游，那么投资者可以考虑赎回基金或转换为其他基金。

因此投资者在购买基金后，不能只关注自己持有的基金的收益情况，还应实时关注同类型中其他基金，进行动态比较，这样才能看出自己所持基金的好坏，从而调整投资策略。

4. 将当期收益与往期收益进行比较

能带来长期稳定收益的基金才是成功的基金，投资者不应过度关注基金的阶段性收益，而是要看基金收益的长期表现。

投资者只有将一只基金的当期收益与往期收益进行比较，才能更为准确地判断出该基金的业绩表现。只有长期表现稳定、收益良好的基金才是值得购买和持有的基金。

图 2-10 所示为嘉实研究精选股票基金的历史年度回报示意图。

历史年度回报	历史分红						
年份	2014	2013	2012	2011	2010	2009	2008
增长率	32.8%	27.65%	16.08%	-18.84%	9.03%	72.71%	2.9%
本基金成立以来累计净值增长率：	325.96%（截止时间2015-03-30）						

图 2-10　嘉实研究精选股票基金

投资者观察图 2-10 可以看出，嘉实研究精选股票基金往期收益表现相当不错，特别是近三年，收益增长率逐年上涨，表明该基金运作手法科学严谨，符合市场发展规律，可给投资者带来可观的收益回报。

5. 基金研究机构的评判

投资者不是专业投资人员，不具备其专业知识，对基金做出的评价也只是主观片面的。投资者则应重视专业的基金研究机构对基金业绩的评判。

通过专业的基金研究机构的评判结果,投资者可以更清楚地了解基金的收益情况,并且直观、快速地将自己所持有的基金与同类基金进行比较。

以下是 2014 年各类型基金业绩排行榜的前五位,仅供投资者进行参考,如表 2-1～表 2-4 所示。

表 2-1　2014 年股票型基金业绩排行榜

排名	基金名称	净值增长率
1	工银金融地产行业股票	102.49%
2	海富通国策导向股票	71.7%
3	华泰柏瑞量化指数增强股票	70.42%
4	广发新动力股票	69%
5	工银信息产业股票	64.31%

表 2-2　2014 年债券型基金业绩排行榜

排名	基金名称	净值增长率
1	博时信用债券(A/B 类)	88.35%
2	博时信用债券(C 类)	87.64%
3	易方达安心回报债券(A 类)	77.68%
4	易方达安心回报债券(B 类)	76.95%
5	海富通纯债券(A 类)	71.6%

表 2-3　2014 年指数型基金业绩排行榜

排名	基金名称	净值增长率
1	申万菱信证券行业指数分级	158.9%
2	易方达沪指 300 非银行金融 ETF	137.12%
3	鹏华中证 800 证券保险指数分级	131.24%
4	国投瑞银沪深 300 金融地产 ETF	89.11%
5	国泰上证 180 金融 ETF	89.04%

表 2-4　2014 年货币型基金业绩排行榜

排名	基金名称	净值增长率
1	中加货币（A 类）	5.338%
2	嘉实活期宝货币	5.2936%
3	宝盈货币（A 类）	5.1594%
4	长安货币（A 类）	5.12%
5	广发天天红货币	5.0882%

04
基金招募说明书

> 基金在发起募集基金时，都会公布自己的招募说明书，而且会随着时间的发展对招募说明书进行更新。基金的具体信息及投资的相关注意事项都会在招募说明书中体现。

1. 利用招募说明书了解基金历史业绩

基金招募说明书的内容与投资者的投资行为紧密相关，如图 2-11 所示为某基金的招募说明书示意图。

图 2-11　招募说明书

基金招募说明书会在内容中对影响投资者的投资判断的一切信息进

行披露，具体包括基金管理人与托管人的情况、基金的销售渠道、基金的申购与赎回方式和费率、基金的投资目标、收益分配方式和会计核算原则等。

招募说明书对基金投资者的重要性是显而易见的，投资者可以通过招募说明书去了解基金的详细信息与历史业绩。

下面以富国天博基金为例，如图 2-12 所示为该基金的招募说明书中关于业绩的示意图。

该招募说明书是富国天博基金在 2014 年 12 月 11 日公布的，从其公布的基金业绩来看，当期基金收益率仍高于业绩比较基准，高出 0.47%，表明该基金的投资运作达到预期目标。

十一、基金的业绩

基金管理人依照恪尽职守、诚实信用、谨慎勤勉的原则管理和运用基金财产，但不保证基金一定盈利，也不保证最低收益。基金的过往业绩并不代表其未来表现。投资有风险，投资人在做出投资决策前应仔细阅读本基金的招募说明书。

1、富国天博创新主题股票型证券投资基金历史各时间段份额净值增长率与同期业绩比较基准收益率比较表

阶段	净值增长率①	净值增长率标准差②	业绩比较基准收益率③	业绩比较基准收益率标准差④	①-③	②-④
2007.4.27-2007.12.31	55.53%	1.73%	40.36%	1.79%	15.17%	-0.06%
2008.1.1-2008.12.31	-51.62%	2.12%	-55.10%	2.40%	3.58%	-0.28%
2009.1.1-2009.12.31	66.88%	1.59%	72.36%	1.63%	-5.48%	-0.04%
2010.1.1-2010.12.31	6.05%	1.47%	-8.12%	1.25%	14.17%	0.22%
2011.1.1-2011.12.31	-23.48%	1.28%	-20.30%	1.04%	-3.18%	0.24%
2012.1.1-2012.12.31	8.97%	1.33%	6.65%	1.00%	2.32%	0.33%
2013.1.1-2013.12.31	-1.45%	1.49%	-3.88%	1.09%	2.43%	0.40%
2014.1.1-2014.9.30	13.03%	1.13%	5.69%	0.78%	7.34%	0.35%
2007.4.27-2014.9.30	23.95%	1.56%	-13.81%	1.47%	37.76%	0.09%
2014.7.1-2014.9.30	11.05%	0.82%	10.58%	0.70%	0.47%	0.12%

图 2-12　富国天博历史业绩

2.　了解基金的风险

基金的风险是投资者比较关心的部分，也是招募说明书中较为重要的部分。基金的投资风险总是由投资者来承担，所以投资者必须对这一部分有明确的认识。

　　基金公司会在招募说明书中详细说明基金投资的潜在风险，通常会从管理风险、流动性风险、市场风险、信用风险等多方面进行说明。

　　下面以富国消费主题基金为例，如图 2-13 所示为该基金的招募说明书中关于风险揭示的示意图。

　　10、本基金的特有风险

　　本基金是混合型基金，股票投资占基金资产的比例为 60%～95%；其余资产投资于衍生工具、债券资产、资产支持证券、债券回购、银行存款等固定收益类资产，以及法律法规或中国证监会允许基金投资的其他金融工具。因此股市、债市的变化将影响到本基金的业绩表现。本基金管理人将发挥专业研究优势，加强对市场、上市公司基本面和固定收益类产品的深入研究，持续优化组合配置，以控制特定风险。

　　本基金可投资于股指期货，股指期货作为一种金融衍生品，具备一些特有的风险点。投资股指期货所面临的主要风险是市场风险、流动性风险、基差风险、保证金风险、信用风险、和操作风险。具体为：

　　市场风险是指由于股指期货价格变动而给投资者带来的风险。市场风险是股指期货投资中最主要的风险；

　　流动性风险是指由于股指期货合约无法及时变现所带来的风险；

　　基差风险是指股指期货合约价格和标的指数价格之间价格差的波动所造成的风险，以及不同股指期货合约价格之间价格差的波动所造成的期限价差风险；

　　保证金风险是指由于无法及时筹措资金满足建立或维持股指期货合约头寸所要求的保证金而带来的风险；

　　信用风险是指期货经纪公司违约而产生损失的风险；

　　操作风险是指由于内部流程的不完善，业务人员出现差错或者疏漏，或者系统出现故障等原因造成损失的风险。

图 2-13　富国消费主题基金风险揭示

　　投资者在购买基金之前，应仔细阅读招募说明书中关于风险揭示的相关内容，不同类型的基金所面临的风险不尽相同。只有充分了解基金的风险，投资者的投资才会更加理性。

3. 帮助投资者了解基金管理者

　　基金招募说明书中会对基金管理公司和基金高管的情况进行介绍，优秀的基金管理公司与投资团队是基金良好运行的保障。

　　招募说明书中还会介绍负责投资运作的基金经理的基本情况，包括基金经理的专业背景和从业经历等相关信息。

另一方面，招募说明书也会对基金托管人的基本情况进行介绍，主要包括托管银行的概况、人员情况、基金业务经营情况以及银行的内部控制制度。

4. 帮助投资者制定投资计划

基金招募说明书中会详细披露基金将如何在股票、债券等多种投资品种中进行配置，这也是基金实现投资目标的具体计划。

目前市面上的多数基金，对投资组合中各类资产的配置比例都做出了明确规定，投资者在阅读招募说明书时应多加注意。因为基金的投资组合配置与投资风险息息相关，直接影响着基金投资收益。

投资者在阅读基金的投资计划后，可以对其进行借鉴，利用到自己的投资计划中，使得投资者的投资计划更为科学、更符合市场规律。

下面以富国天盈 LOF 基金为例，如图 2-14 所示为该基金招募说明书中关于基金投资的部分。

十三、 基金的投资

一、 投资目标

本基金在追求基金资产长期安全的基础上，力争为基金份额持有人创造高于业绩比较基准的投资收益。

二、 投资范围

本基金的投资范围为具有良好流动性的金融工具，包括国内依法发行上市的国家债券、金融债券、次级债券、中央银行票据、企业债券、公司债券、短期融资券、资产证券化产品、可转换债券、可分离债券和回购等金融工具以及法律法规或中国证监会允许基金投资的其他固定收益证券品种（但须符合中国证监会的相关规定）。

本基金也可投资于非固定收益类金融工具。本基金不直接从二级市场买入股票、权证等权益类资产，但可以参与 A 股股票（包括中小板、创业板及其他经中国证监会核准上市的股票）的新股申购或增发新股，并可持有因可转债转股所形成的股票、因所持股票所派发的权证以及因投资可分离债券而产生的权证等，以及法律法规或中国证监会允许投资的其他非固定收益类品种（但须符合中国证监会的相关规定）。因上述原因持有的股票和权证等资产，本基金应在其可交易之日起的 30 个交易日内卖出。

图 2-14 富国天盈 LOF 基金的投资

从富国天盈 LOF 基金的投资范围来看，该基金属于债券型基金，主要投资范围是具有良好流动性的金融工具，包括国家债券、金融债券、次级债券、央行票据等。

5. 了解基金的费用

基金招募说明书会详细列明该基金的认（申）购费、赎回费、管理费与托管费用等。基金的费用相当于投资者的投资成本，也是投资者在投资前非常关注的部分，但费用的高低与基金的好坏不存在绝对关系。有的基金费用高，可能是因为其规模小，也可能是因为基金经理实力强；有的基金费用低，可能是因为其规模庞大，也可能是因为基金公司的促销活动。

投资者在对基金费用有了一定了解后，应进行积极的对比，发现其中的规律。下面以富国新兴产业股票基金为例，如图 2-15 所示为该基金相关费用的示意图。

> **二、基金费用计提方法、计提标准和支付方式**
>
> **1. 基金管理人的管理费**
>
> 本基金的管理费按前一日基金资产净值的 1.5% 年费率计提。管理费的计算方法如下：
>
> H＝E×1.5%÷当年天数
>
> H 为每日应计提的基金管理费
>
> E 为前一日的基金资产净值
>
> 基金管理费每日计提，按月支付。由基金托管人根据与基金管理人核对一致的财务数据，自动在次月首两个工作日内、按照指定的账户路径进行资金支付，基金管理人无须再出具资金划拨指令。若遇法定节假日、休息日等，支付日期顺延。费用自动扣划后，基金管理人应进行核对，如发现数据不符，及时联系基金托管人协商解决。
>
> **2. 基金托管人的托管费**
>
> 本基金的托管费按前一日基金资产净值的 0.25% 的年费率计提。托管费的计算方法如下：
>
> H＝E×0.25%÷当年天数
>
> H 为每日应计提的基金托管费

图 2-15　富国新兴产业股票基金

05
操作基金的时机

选择好基金公司与基金经理后，投资还应选择好一个操作基金的时机。即什么时候申购基金最划算？什么时候赎回基金能使收益最大化？这些问题都是操作基金时机的问题。

1. 选择申购的时机

股票投资与基金投资大不相同，却仍存在相似的地方。例如买卖股票讲究买卖点，即买卖时机。申购与赎回基金，同样讲究时机。选择基金申购的时机主要从以下几个方面考虑。

- **基金公司的促销**：在基金发行时，基金公司通常会开展一系列的优惠活动，对新基金进行促销；老基金有时也会在持续营销期间进行促销，这些老基金通常是业绩较好的基金。投资者在此时购买基金，既节约了成本又降低了风险。

- **分析金融市场情况**：金融市场的变化受到国民经济的影响，而股票市场又是国民经济的"晴雨表"。所以股市的好坏，直接影响到股票型基金的收益。通常而言，在市场经济前景乐观，金融市场平稳有序发展的情况下，是购买基金的好时机。

- **根据基金的募集热度进行选择**：有的基金在资金募集期就受到广大投资者的追捧，募集热度非常高，而在日后的运作过程中，投资收益表现不佳；有的基金在基金募集期显得尤为平淡，在日后的运作过程中，却能达到较高的收益率。所以投资者应理性面对基金在募集期的热度。

2. 确定赎回基金的时机

基金投资是一个长期投资的过程，在基金资产运作过程中也会受到多种因素的影响。

所以选择一个恰当的赎回时机，可以减少投资者的损失，也可以提高投资者的收益。投资者选择基金赎回时机主要从以下几个方面进行考虑。

- 基金在长时间内表现不佳，投资者就应考虑赎回。这种行为在股市上称为"割肉"，基金投资者在面对基金亏损时，也应果断"割肉"，避免损失扩大化。

- 如果是股票型基金，在大盘指数经过长期上涨后，已经处于高位时，投资者在基金获利不少的情况下，可以选择及时赎回，保证收益，避免大盘反转下跌带来的损失。

Fund
—— 手把手教你学基金投资 ——

第 3 章

购买基金

投资者在决定购买基金后，应先做好相关准备。首先需要准备好资料去开户，然后才能申购基金。开放式基金与封闭式基金的申购过程略有不同，投资者应引起注意。在本章内容中，还会介绍购买基金的七大技巧，希望对投资者在购买基金时有所帮助。

01
购买
基金前的准备

> 投资者购买基金之前，必须开立一个基金账户。基金账户又称为"TA 基金账户"，是指注册登记人为投资者建立的用于管理和记录投资者交易的基金种类、数量变化情况的账户。

1. 在基金公司开立账户

基金账户用来记载投资者的基金持有以及变化情况，如果投资者决定购买某基金公司旗下的基金，首先应到该公司制定的销售网点开立基金账户。但现在多数基金已经开通了网上开户服务，非常方便。

Step01 下面以华夏基金为例，首先进入华夏基金管理公司的官网主页面（http://www.chinaamc.com/），在华夏基金的首面上方单击"我要开户"的超链接。

Step02 在进入选择银行卡的页面之后,投资者选择自己准备好的银行卡即可,前提是投资者准备的银行卡已经开通网银功能，可以进行网上转账才行。在这

里以"中国工商银行"为例,单击"中国工商银行"按钮后即可跳转到下一操作页面。

Step03 进入填写银行卡相关信息的页面后,投资者只需按实际情况填写即可,因为需要手机验证码,因此投资者应保证手机通信的畅通,填写完毕后单击"确定"按钮。

Step04 正确填写银行卡信息后,会进入下一页面,即填写开户资料信息页面,投资者在填写过程中同样需要按照实际情况进行填写,如果因为资料填写错误或虚假而造成的损失,将由投资者自己承担。

Step05 投资者在正确填写开户资料之后，还需仔细阅读《华夏基金电子交易服务协议》与《华夏基金转账支付业务协议》这两个文件内容。在阅读之后单击"提交"按钮，即会出现开户成功页面，提示投资者已经开户成功。

2. 在银行或证券公司开立账户

投资者除了在基金公司开立基金账户外，还可以在银行或证券公司开立账户。其中在银行开立基金账户的程序较为简单，只需要带上身份证办理一张银行卡或活期存折，然后选择银行有代理销售权的一家基金公司开立它的账户即可。

在银行办理银行卡时，最好开通网上银行和电话银行业务，方便以后在基金投资过程中的操作。

当投资者在证券公司开立基金账户，面临的手续可能就更为复杂一些，尤其是没有开立股票账户的投资者。在证券公司开立基金账户大致需要两步。

第一步需要投资者亲自到证券公司柜台开立资金账户，第二步投资者需要到银行办理相应的账户后，开通银证委托，这样才能进行银证转账，随后即可在证券公司开立基金账户。投资者在开立基金账户时，应注意以下几个方面。

● 每个投资者只能开立一个基金账户，所以需要慎重。

- 已经持有证券账户的投资者，不得重复开立基金账户。

- 不能在异地开立基金账户。

- 一个资金账户对应一个基金或股票账户，且基金账户只能用于基金、国债或其他债券交易，不可用于股票交易。

- 办理基金账户必须本人亲自办理，不得由他人代办。

3. 阅读协议与进行买卖

投资者在购买基金前，应认真地阅读基金有关的文件，包括招募说明书、基金合同、交易规则以及开户程序等。阅读完这些文件后，投资者就会对基金的投资方向、投资策略、投资目标、基金业绩、开户条件以及交易规则等重要信息有了初步了解。同时对基金投资的风险、收益做出评估，并据此做出投资决策。

图 3-1 所示为某基金的基金合同。

基金募集申请获中国证监会核准的文号		证监许可[2011]2033 号
基金募集期间		自 2012 年 4 月 5 日至 2012 年 5 月 9 日止
验资机构名称		安永华明会计师事务所
募集资金划入基金托管专户的日期		2012-05-11
募集有效认购总户数（单位：户）		6,197
募集期间净认购金额（单位：元）		413,196,469.55
认购资金在募集期间产生的利息（单位：元）		341,026.61
募集份额（单位：份）	有效认购份额	413,196,469.55
	利息结转的份额	341,026.61
	合计	413,537,496.16
其中：募集期间基金管理人的从业人员认购本基金情况	认购的基金份额（单位：份）	109,916.38
	占基金总份额比例	0.03%

图 3-1　基金合同

投资者在开立基金账户，仔细阅读完相关文件后就可以进行基金的买卖了，即基金的认（申）购与赎回。

通常基金的认购价为基金单位面值（1 元）加上一定的销售费用，

投资者可以在基金销售网点填写认购申请书，支付认购款项，然后在注册登记机构办理有关手续确认认购。

投资者在申购基金时同样需要填写申购申请书，在支付申购款项后，申购申请即生效。现在多数基金公司都提供了网上购买基金的服务，不仅为投资者提供了便利，还降低了投资者的费用。

当投资者需要赎回基金时，通常需要在基金销售点填写赎回申请书，当基金管理人收到赎回申请书之日起的 3 个工作日内，对赎回申请进行确认，并应当在接受有效赎回申请之日起 7 个工作日内，将赎回款项汇入投资者指定账户。

2014 年 5 月 2 日，王小姐到附近的某银行支行去办理业务，因其购买的某理财产品已到期，同时打算继续购买同一产品，要求是保本保息。

在支行的大堂遇上姓赵的客户经理，王小姐把她的想法告诉了赵经理，赵经理便向王小姐推销一种"6 个月定期开放债券基金"，此基金产品只经营债券，投资范围不触及股票及其他的金融工具，同时赵经理向王小姐展示了该基金的"营销文案"，文案中表示"在悲观情况下，年化收益率高达 5.2%（固定费用前）"。

于是王小姐在未做更多了解的情况下购买了 5 万元的该基金，一场厄运就此开始。

6 个月之后产品到期，赎回日是 11 月 18 日，王小姐存放的 5 万元，不仅利息没赚到，反而亏了 1 534.12 元。气急之下王小姐去银行找赵经理询问，该姓赵的客户经理，居然请假玩失踪，以"开车为名"拒接电话，当值的客户经理以"不知你们两个如何谈的"，拒作解释。

其实只要王小姐多花一点时间去了解该基金产品，从该基金公司官方网站上便可以找到该基金产品的相关信息，该产品在 2009 年至 2013 年经营收益为 2.5%、4.02%、0.49%、5.32%、3.23%，今年年中已出现亏损，经营惨淡。

王小姐如果在购买基金前，能仔细阅读招募说明书和基金合同等相关文件，肯定也能从中得到这些新息，便不会再做出购买的选择。

02
认购
开放式基金

> 购买开放式基金与封闭式基金在运作上是有区别的。对于封闭式基金而言，基金的认购与申购是同一个行为，都是指在基金发起时，募集资金期间进行买入的投资行为。

1. 提供资料

基金的认购与申购主要是针对于开放式基金而言，在新基金成立时投资者进行购买的就称为认购开放式基金，在基金成立后投资者再进行购买的称为申购开放式基金。下面就对如何在实战中认购开放式基金进行讲解。

开放式基金通常不在交易所挂牌上市交易，而是通过银行、证券公司等销售网点进行直接销售，所以投资者可以到相关销售网点办理开放式基金的认购、申购以及赎回业务。

其中，个人投资者在申请开户时，需要提供以下资料。

- 本人身份证件，且无损坏。

- 代销网点当地城市的本人银行活期存折或银行卡。

- 正确填写的《基金账户开户申请表》

当机构投资者打算开立基金账户时，可以到基金管理公司直销中心或其代销网点办理开户手续，同时需要提供以下资料。

- 正确填写的《基金账户开户申请书》。

- 企业法人营业执照副本原件及复印件，事业法人、社会团体或其他组织需要提供民政部门或主管部门颁发的注册等技术原件及复印件。

- 《法人授权委托书》及加盖预留印鉴的《预留印鉴卡》。

- 指定银行账户的银行《开户许可证》或《开立银行账户申报表》原件及复印件。

- 前来办理开户申请的机构经办人身份证原件。

2. 认购过程和确认

投资者在认购过程中，需要提供以下相关资料。

- 本人身份证件。

- 基金账户卡（投资者在开户时代销网点当场发放）。

- 代销网点当地的本人银行卡。

- 正确填写的《代销基金认购申请表（个人）》。

机构投资者在直销中心认购时，需要提供以下资料。

- 正确填写的《认购申请书》。

- 基金账户卡。

- 划付认购资金的贷记凭证回单复印件或电汇凭证回单。

- 前来办理认购申请的机构经办人身份证原件。

投资者在提交上述资料后就完成了基金的认购，投资者可以在基金成立之后向各基金销售公司咨询认购结果，同时可以到各基金销售网点打印成交确认单。同时，基金管理人将在基金成立之后按预留地址将《客户信息确认书》和《交易确认书》邮寄给基金投资者。当投资者确认基金认购后，就完成了开放式基金认购的全过程。

03
申购
开放式基金

开放式基金在成立后，会进入一段短暂的封闭期，通常时间为三个月。在这段时间内，基金可以接受申购申请，但不接受赎回申请。类似的规定一般会在招募说明书或基金合同中写明。

1. 申购流程

申购开放式基金是指投资者申请购买已经成立的开放式基金的投资行为，基金的申购不仅可以通过书面形式，也可以通过网络完成申购。基金管理人在收到投资者的申购申请时，应按当日公布的基金单位净值加上一定的申购费用作为申购价格。

开放式基金申购的具体流程如图 3-2 所示。

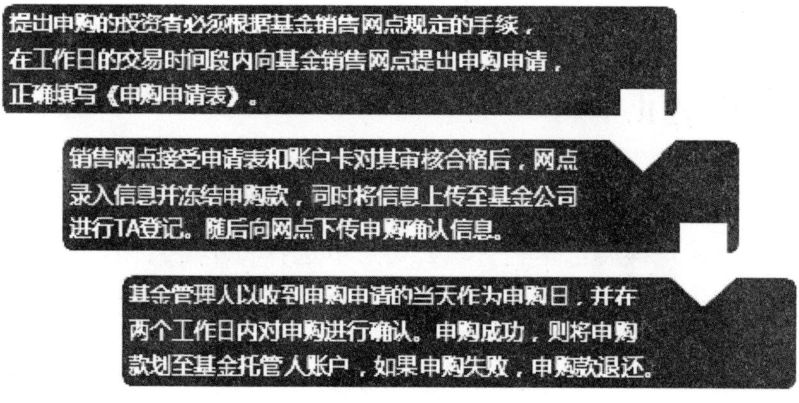

提出申购的投资者必须根据基金销售网点规定的手续，在工作日的交易时间段内向基金销售网点提出申购申请，正确填写《申购申请表》。

销售网点接受申请表和账户卡对其审核合格后，网点录入信息并冻结申购款，同时将信息上传至基金公司进行TA登记。随后向网点下传申购确认信息。

基金管理人以收到申购申请的当天作为申购日，并在两个工作日内对申购进行确认。申购成功，则将申购款划至基金托管人账户，如果申购失败，申购款退还。

图 3-2　开放式基金申购流程

2. 申购注意事项

投资者在填写《申购申请表》时，一定要注意填写项目的具体含义。例如选择采取一次性投资还是定额定期投资，孰好孰坏因人而异。前者需要一次性投入大量资金，对资金有限的投资者不利；后者采取定期从投资者的资金账户中划出部分资金用于申购，对资金有限的投资者有利。但多数基金对于一次性申购金额较大的投资者都会采取费用优惠，这时资金宽裕的投资者便能得到这个好处。

此外投资者在选择现金分红还是红利再投资时，也应谨慎考虑。如果选择现金分红，基金每次分红后，投资者都可以拿到现金，同时也可能错失投资机会；如果选择红利再投资，基金每次分红后，投资者见不到真实的收益。

投资者在购买基金后，应将申购的确认凭证保存好，作为自己的投资记录。

投资者在申购基金时应注意，基金代销网点的申购起点通常低于基金直销网点。所以投资者应根据自己的资金量选择到代销网点或是直销网点去申购基金。

3. 拒绝或停止申购

开放式基金随着运作时间的变长，资金规模也越变越大。当开放式基金达到一定规模时，基金管理公司可以选择将基金封闭，在封闭期间只接受赎回申请，不再接受申购申请，这就是开放式基金的自行封闭。

在我国的基金市场中，基金规模并非越大越好，目前我国在既定的股市流动值规模下，基金规模有一个相对最优数值。

不同的基金经理都有其擅长领域，当基金规模迅速增长，基金经理不得不把超额的资金投在他不熟悉的投资区域中，对基金的投资收益造成负面影响。实战经验表明，基金规模过大，在实战操作中难以维持良好的业绩表现。

当资金规模巨大的股票型基金准备投资买入某股票时，市场很快就得到反馈信息，该基金的投资计划尚未完成，股票价格就被市场投资者哄抬至高位，使得该基金的计划不得不泡汤。

基金公司面对基金规模过大的问题只能采取自行封闭的办法，同时发行新的基金，吸引投资者的新资金。

开放式基金自行封闭后，并不是变成封闭式基金。基金公司会视市场情况而重新开放。

04
赎回
开放式基金

当开放式基金仍在运营期间，持有基金份额的投资者要求基金管理人购回其持有的基金份额的行为，称为基金的赎回。基金的赎回可以用书面形式或其他认可的方式进行，例如通过网络、电话等。

1. 赎回基金的条件

开放式基金可办理赎回的时间为证券交易所交易日内的交易时间，即一个交易日里的 9:30～11:30，13:00～15:00。在这个时间段内，投资者可以使用多种方式，主要通过书面、电话、传真、网络等形式对基金进行赎回操作。

当赎回申请的时间在当日 15:00 之前，将以当日收盘后公布的基金净值进行计算；赎回申请的时间在 15:00 之后，则以下一交易日收盘后公布的基金净值进行计算。

赎回基金需要满足一定的条件，附加赎回条件是保障开放式基金日常运营稳定的重要手段，主要是为了避免巨额赎回带来的风险。基金的赎回条件通常在招募说明书或基金合同中都会写明，具体内容如下。

- **时间条件**：新基金在发行后，募集到一定的资金，通常要求基金在运作 3 个月以上，才接受投资者的赎回申请。另一方面，对可赎回日期也有限制，多数基金不是每个工作日都可以赎回，一般在每周或每个月固定几个日期为开放日。对赎回款到账日期也有限制，即基金管理人在赎回日收到赎回申请后，会在 5 ~ 7 个工作日向投资者支付赎回款。

- **额度条件**：开放式基金经常会面临巨额赎回风险，所以在发行时会设置赎回的额度条件来应对风险。一般基金不会刻意限制投资者的赎回额度，只有当赎回的总量超过一定的比例时，才会做出特殊要求。

- **费用限制**：设置赎回费用限制是为了让投资者不在买入基金后短期内就赎回，主要目的是为了保障基金公司的利益。所以投资者在赎回基金时，通常需要缴纳一定的赎回费用。赎回费用不是一成不变的，通常会随着投资者持有基金的时间越长而有所降低。

2. 赎回基金的流程

开放式基金的赎回流程与其申购流程相似，又存在不同的地方，具体如图 3-3 所示。

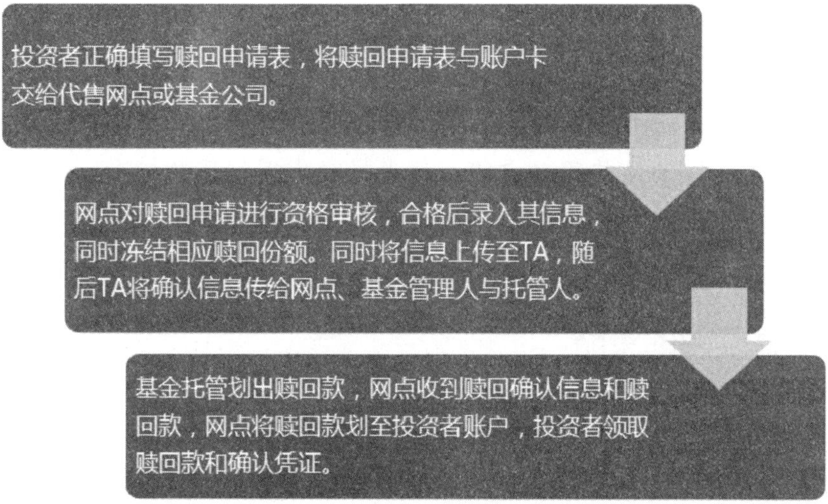

投资者正确填写赎回申请表，将赎回申请表与账户卡交给代售网点或基金公司。

网点对赎回申请进行资格审核，合格后录入其信息，同时冻结相应赎回份额。同时将信息上传至TA，随后TA将确认信息传给网点、基金管理人与托管人。

基金托管划出赎回款，网点收到赎回确认信息和赎回款，网点将赎回款划至投资者账户，投资者领取赎回款和确认凭证。

图 3-3 开放式基金赎回流程

3. 基金的巨额赎回

当开放式基金在单个开放日内，基金净赎回申请超过基金总份额的10%时，就称为巨额赎回。出现巨额赎回，基金通常会采取延期支付的方式，同时基金管理人应通过多种形式，在招募说明中规定的时间内告知赎回申请的投资者，且通知的时间最长不能超过 3 个交易日。

面对基金的巨额赎回，基金管理人可以根据基金当前的资产组合状态选择全额赎回、部分延期赎回或暂停赎回。具体内容如下。

● **全额赎回**：基金管理人认为基金当前有能力兑付投资者的全部赎回申请时，应按照正常赎回流程，对投资者的赎回申请进行处理。

● **部分延期赎回**：当某个开放日内赎回申请比例大于基金总份额的 10%时，基金公司可以对超过 10%的部分进行延期办理。对于当日的赎回申请，应当按单个账户赎回申请量占赎回申请总量的比例，确定当日手里的赎回份额。其中未受理部分可延迟至下一个开放日办理，并以该开放日当日的基金资产净值为准计算赎回金额。

● **暂停赎回**：当开放式基金连续两个或两个以上开放日发生巨额
赎回，基金管理人有必要暂停接受赎回申请。发生基金合同或
招募说明书中未载明的情况，但基金管理人有正当理由认为需
要暂停接受赎回申请的，应当报经中国证监会批准。其中，确
认的赎回申请最多可以延迟 20 个工作日处理。

4. 基金赎回的策略

基金的赎回，是投资者一次基金投资的最后一步。基金的赎回次数
不会太多，所以投资者应把握好时机、学习一定的策略，在合适的时机
赎回，可以实现更多的投资收益。

基金赎回的策略，如图 3-4 所示。

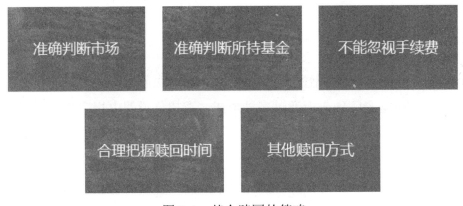

图 3-4　基金赎回的策略

基金赎回的五大策略具体内容如下。

● **准确判断市场**：不管什么类型的基金，其收益总是来源于市
场经济的发展。尤其是偏股型基金，其赎回的关键是观察当
前股市处于牛市或是熊市。如果对未来行情走势看涨，那么
投资者可以不急于赎回基金，继续持有一段时间；如果对未
来行情走势看跌，那么投资者应及时赎回基金，将收益落袋
为安。

- **准确判断所持基金**：投资者在购买基金后，不应完全将基金置之不顾，而应对基金进行深入分析。分析该基金背后的基金公司与基金经理，以及基金的投资组合、实时收益等。对于那些业绩良好，收益高于业绩基准，在同类产品中排名靠前的基金，应坚决持有；对于那些业绩差，收益低于业绩基准，在同类产品中排不上名次的基金，应及时赎回。

- **不能忽视手续费**：投资者已经知道了赎回需要缴纳一定的费用，因此不能忽视这部分费用。赎回费通常在 0.5% 左右，投资者在赎回后进行基金再投资，又需要支付 0.8%～1.5% 的申购费用，因此赎回的成本在 2% 左右。如果该基金正处于亏损状态，那么投资者在此时赎回，亏损的幅度将会变得更大。

- **合理把握赎回时间**：在股票投资中，投资者总是寄希望于"神奇的两点半"，所以当投资者购买的是偏股型基金时，更应在每个交易日里的 14:30 关注大盘趋势，根据大盘走势来决定当日是否可赎回。

- **其他赎回方式**：将高风险的基金产品转换成相对低风险的基金产品，也是一种赎回。而且这种赎回方式从收益和费用的角度看，比直接赎回更为方便划算。例如股市开始剧烈波动，偏股型基金风险加大，投资者便可以将偏股型基金转换成债券型基金或其他风险相对低的基金。

05
封闭式
基金的操作方法

我国的封闭式基金主要采用网上定价的发行方式，多数情况下，在发行期内认购资金会大幅超过基金的发行规模，所以需要通过"配号摇签"的方式来分配基金份额。

封闭式基金的交易与股票类似，需要在证券交易所竞价交易。因此封闭式基金的操作方法与股票类似。

1. 封闭式基金的申购步骤

封闭式基金的申购与股市中的新股申购有一定相似的地方。投资者申购封闭式基金会有一个交易号，以此为投资者申购时的号码，在中签号公布之后，投资者可将自己的号码与中签号进行对比，看是否中签。封闭式基金的申购步骤大致如下。

- **办理申购**：已有证券资金账户或基金账户的投资者可以直接进行申购；没有相关账户的投资者则需要在当地基金销售网点开立基金账户。投资者根据自己的申购量，在基金账户中存入足够的资金，一旦申购手续开始办理，申购资金就会被冻结。

- **确认中签并解冻资金**：若 T 日为申购日，在 T+1 日，基金公司会将申购资金划入登记结算公司账户；在 T+2 日，由登记结算公司进行验资并出具验资报告，确认为有效申购；在 T+3 日，基金公司进行摇号抽签；在 T+4 日，基金公司公布中签号码，对没有中签的申购款项进行解冻。

封闭式基金的申购规则如下。

- **发行方式**：网上定价发行。
- **发行对象**：中国境内自然人、法人与其他组织。
- **发行面值**：1 元/份。
- **发行费用**：0.01 元/份。
- **申购价格**：1.01 元/份。
- **申购地点**：上海证券交易所、深圳证券交易所。
- **申购单位**：每份基金单位。

- **申购份数**：每个账户申购数量不得低于 1 000 份，超过 1 000 份的必须为 1 000 的整数倍。

- **申购限制**：每笔申购不得超过 99.9 万份，可多次申购。

- **配号方式**：分段配号，统一抽签。

封闭式基金申购的注意事项，具体如下。

- 已开立股票账户的投资者不得再开立基金账户。

- 一个投资者只能开立和使用一个基金账户，不得开立和使用一个或者多个基金账户进行申购。

- 上海证券交易所的投资者必须在申购前办理完成上海证券交易所指定交易手续，在申购委托发出后，不得撤销。

2. 封闭式基金的交易特点

封闭式基金因其只能在证券交易所上市挂牌交易，所以其交易价格由二级市场上的供求关系决定。封闭式基金的交易特点具体如下。

- 开盘价与股票一样由集合竞价决定。

- 交易方式实行 T+1，当天购买的封闭式基金只能到下一个交易日才能卖出。

- 除了发行首个交易日外，封闭式基金每天的涨跌幅度限制在 10% 以内。

- 投资者在交易封闭式基金时，需要向券商支付交易佣金，佣金费率由券商与投资者协商确定，不得高于成交金额的 3‰。

- 封闭式基金交易不必支付印花税。

- 实行指定交易制度，投资者开户的证券营业部是其买卖封闭式基金的唯一交易地点。如果投资者想在其他营业部交易，需要办理相应的转托管手续。

- 封闭式基金的最小交易单位为 100 基金单位。

- 在提交封闭式基金的买卖委托时，委托价格应以 1 基金单位为计价单位，申报价格的最小单位为 0.0001 元。

06
购买
基金的技巧

投资者在了解购买基金的程序之后，就可以开始按程序进行基金购买了。投资者在购买基金时还可以学习掌握一些技巧，用于节约基金投资的成本。下面就详细介绍 7 个购买基金的技巧。

1. 网上银行申购

从历史数据来看，通过银行渠道销售的开放式基金占全年总额的60%，另外基金公司直销渠道占 30%，券商渠道占 10%。银行为什么能称为基金的"销售之王"呢？答案便是网上银行。

在网上银行购买基金，不仅可以省去交通、排队的时间，而且还比在柜台购买更便宜。

各银行间为了争夺网上银行的客户资源，经常会进行一些打折优惠活动。另一方面，基金公司也因网上银行销售规模大，主动与银行合作，采取网上银行申购打折的方式来吸引投资者。

网上银行申购的优点如图 3-5 所示。

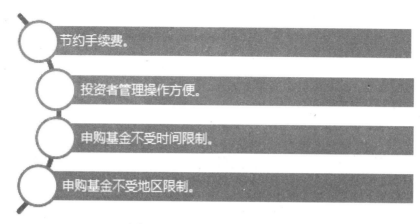

节约手续费。

投资者管理操作方便。

申购基金不受时间限制。

申购基金不受地区限制。

图 3-5　网上银行申购的优点

　　投资者应注意的是，当前多数基金的申购费率为 1.2%～1.5%。投资者应先将网上银行申购费率与销售网点申购费率进行比较，选择适合自己的申购方式。

2.　基金的网上直销

　　基金的销售方式主要有直销和代销两种。在基金公司直接购买就称为直销，这种方式投资者享受不到优惠。代销主要是指在银行或证券公司网点购买基金，投资者也无法享受优惠。

　　网上直销与上述方式都不相同。网上直销是指投资者直接登录基金公司官方网站购买基金。这种申购方式的优惠幅度较大，申购费率最低可以降到 4 折。

　　但网上直销也有局限性，即基金公司在自己的官网上只会销售本公司的基金产品，投资者若需要购买多个公司的基金产品，则需要登录不同的网站，操作较为麻烦。

　　网上直销除了申购费率上的优惠之外，对准入门槛也有大幅度降低。一般的开放式基金的最小申购单位都是 1 000 元。通过网上直销的方式购买基金，其中股票型基金的最小申购单位为 100 元，货币型基金的最小申购单位为 1 元。网上直销大大地降低了基金投资的准入门槛，提高了基金投资者的投资热情。

随着基金投资得到越来越多投资者的认可，基金公司也不断开拓新的交易模式，"第三方支付平台"就是其中之一。

2010 年 4 月，华夏基金与汇付天下合作，开通的基金直销第三方网上支付业务在中国证监会正式备案通过。汇付天下的基金支付主要是指其旗下的"天天盈"账户平台。

"天天盈"已经与中国工商银行、中国建设银行、中国农业银行等 20 多家商业银行实现了对接。另一方面，"天天盈"还拥有 30 家基金公司总共 700 多只基金产品。投资者使用"天天盈"账户平台申购基金，其申购费仅为 4 折。

2012 年 5 月支付宝网络技术有限公司获得中国证监会颁发的基金支付结算服务许可。2013 年 6 月，支付宝联合天弘基金推出货币基金产品余额宝，截至 2015 年 4 月，天弘增利宝货币基金规模已超过 5 000 亿元，是目前规模最大的货币基金。

通过支付宝的第三方支付平台，实现资金即时在余额宝和支付宝账户之间的相互划转，货币基金实时赎回和消费支付功能。

支付宝公司是销售平台和第三方结算工具，天弘基金公司是基金的发行者，支付宝客户是基金的购买者，余额宝对应的是天弘增利宝货币基金。天弘基金公司按基金规模收取 0.30% 的管理费和 0.08% 的基金托管费；支付宝网络技术公司按基金规模收取约 0.25% 的销售服务费，支付宝用户获取约 5% 的七日化年收益。

2013 年余额理财模式刺激了货币型基金的发展，多个第三方支付企业推出相应网络理财产品，主要代表有微信理财通、百度理财、苏宁零钱宝。这些理财产品均是依托自身的支付平台，嵌入基金产品，附加应用场景。

他们的特点是收益高，相对于银行 0.35% 活期利率，七日化年收益在 6% 以上，比银行理财产品收益优势明显。相对银行理财产品动辄几万的购买门槛，网络理财产品起买金额低，最低一元可以购买；赎回效率高，可随时消费或转出。

第三方支付平台作为基金营销渠道，它的优势在于把数量庞大的微小客户汇聚起来，从而可以产生与主流相匹敌的市场能量。以微信支付为例，根据腾讯 2014 年第三季度财报披露，国内外合并的月微信活跃账户数达到 3.719 亿。而中国拥有最大的客户群的中国工商银行，也只有大约 1 亿个人客户和 810 万法人账户。

第三方支付理财工具的使用者大都属于被传统理财产品所忽视的客户，相对银行理财产品，第三方支付理财工具低门槛、高收益，这种碎片式的理财方式具有巨大的长尾潜力，是互联网金融时代来临的一个重要信号。

3. 在促销活动时申购基金

由于基金投资得到越来越多投资者的青睐，基金公司也随之推出更多的基金产品，各个基金公司、代销银行之间的竞争不断加剧，使得基金公司和银行不得不采取各种促销活动来吸引投资者。

在基金的日常开放日申购基金，申购费率通常为 1.2%～1.5%。促销活动中则要便宜不少。基金促销的方式五花八门，如新基金发行、节假日互动、基金公司与银行合作推出的其他促销方式等。通常情况下，基金公司在进行促销活动之前，都会向投资者发出相关的公告，将促销活动的具体内容公示给广大投资者，保证投资者的权益。

站在投资者的角度来说，在购买基金前，可以先到银行柜台进行咨询，同时也要关注基金公司的最新动态，除了选择基金产品类型之外，合理选择基金购买的时间，也可以为投资者带来一定的收益。

投资者在促销活动期间购买基金，应重点关注促销活动的具体内容，注意自己选购基金的经营情况，不要错过了优惠期限，也不能因为申购费率低而盲目申购。

4. 明确基金的后端收费

基金按照缴纳申购费时间不同,可以分为前端收费和后端收费两类。前端收费是指投资者在购买开放式基金的同时支付申购费的付费方式;后端收费是指投资者在购买开放式基金时并不支付申购费,而是等到赎回时才支付的付费方式。

后端收费主要为了鼓励投资者长期持有基金,因此后端收费的费率会随持有基金时间的增长而递减。甚至有的基金公司规定持有基金到一定期限后,申购费可以完全免除。

但后端收费并不适合所有的投资者,因为有的投资者持有基金时间短或无法确定持有时间,只能选择前端收费。但后端收费对于长期投资和基金定投的投资者来说,则是节约成本的有效方法。

在所有基金中,并不是所有的基金都支持后端收费。下面罗列部分可选择后端收费的基金及其代码,以供参考,如表 3-1 所示。

表 3-1　部分后端收费基金表

序号	基金名称	前端代码	后端代码
1	博时创业成长	050014	051014
2	博时稳定价值 A 类	050106	051106
3	长城久恒平衡	200001	201001
4	长城久泰	200002	201002
5	长盛动态精选	510081	511081
6	长盛债券增强	510080	511080
7	大成 300	519301	519300
8	大成价值增长	090001	091001
9	大成生命周期	090006	091006
10	东方策略成长	400007	400008
11	东方核心动力	400011	400012
12	东方精选	400003	400004
13	富国天惠	161005	161006
14	富国天鼎	100032	100033
15	富国天成红利	100029	100030

5. 坚持长期定投

长期定投是指投资者在每个月或每段固定时间内进行定额的投资，并且在长时间内保持。这也是投资者有效管理资产的方法之一，长期坚持定投，可以达到"小钱变大钱"的效果，同时投资者进行长期定投比普通申购成本更低，更实惠。

普通的申购，投资者需要在每一次申购时缴纳申购费，在赎回时仍需要缴纳赎回费；投资者在赎回后进行基金再投资，仍需要缴纳申购费。如此赎回申购，不断反复的过程中产生的费用将会达到一个惊人的数字。选择长期定投则可以避免这些问题，在长期投资的过程中，申购与赎回费用只有一次。

基金公司对长期定投通常是鼓励的态度，会开展一些特殊的优惠。例如，在申购时就降低申购费用，当长期定投的投资者持有基金达到一定时间后，仍可减免申购费。

长期定投的优点主要如下。

● 适合范围广泛，普通大众都可以采用。

● 因为持有基金时间越长，申购费用越低，所以降低了投资成本。

● 长期定投将投资分成多个周期，有效地分散了投资风险。

6. 灵活转换基金

基金的转换是指投资者将持有基金转换为同一基金公司旗下的其他基金产品。基金的转换比赎回基金更节约成本，更有效地利用资金。

在同一家基金公司进行基金转换，基金公司会提供申购费率上的优惠，甚至可能会免收申购费。

进行转换基金时，应注意以下问题。

- 基金转换只能在同一基金公司下的同一基金账户进行。

- 转出基金和转入基金必须同为可交易状态。

- 转换的基金收费方式最好相同，也有例外。

7. 大量购买基金

通常情况下，投资者购买的基金总额越大，认（申）购的费率会越低。基金公司通常将申购金额分为以下几个档次，按申购费用从低到高排列为，大于 1 000 万元时；500 万元（包含 500 万元）至 1 000 万元；100 万元（包含 100 万元）至 500 万元；小于 100 万元。

Fund

—— 手把手教你学基金投资 ——

第 4 章

股票型基金的定义与分类

股票型基金将大部分基金资产投资于股票市场，在承担较大风险的同时，也给投资者带来较多的收益。所以股票型基金总会受到基金投资者的热捧，投资者在购买股票型基金后应多加关注基金的运营情况，同时也需要紧密关注股票市场的变化。本章主要介绍股票型基金的相关基础知识。

01
股票型
基金的定义与分类

> 股票型基金就是将广大投资者的资金汇集起来，由基金管理人投资到股票市场中，通过基金管理人专业的投资运作，获取股票红利或差价收益。

1. 股票型基金的定义及类型

股票型基金是指将基金资产的 60%以上投资于股票的基金。股票型基金以追求长期的资本增值为目标，比较适合长期投资。与其他类型的基金相比，股票型基金的风险更高，但收益也相对更高。通过下例进行详细讲述。

如华夏复兴股票基金的股票投资比例占基金总资产的90%，债券投资比例占 5%，现金占 3%，其他资产分布占 2%。这样的投资组合面对的风险是非常大的，同时它的收益也是非常高，在过去一年内达49%。可见收益与风险是成正比的。

股票型基金提供的是一种长期的投资增值性，可供投资者用来满足教育支出、退休后日常支出等远期支出的需求。与房地产一样，股票型基金是应对通货膨胀最有效的手段。

股票型基金可以根据所在市场、规模、性质、投资风格以及所属行业进行分类。一只股票可能同时具有两种以上的属性，同理，一只股票型基金也可以被归为不同的类型。

■ 按投资市场分类

按投资市场的不同，股票型基金可以分为国内股票型基金、国外股票型基金与全球股票型基金三大类。主要内容如图 4-1 所示。

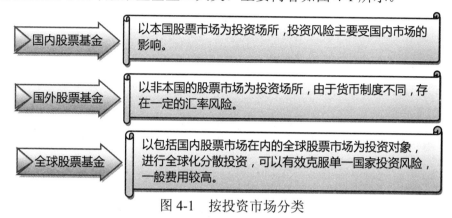

图 4-1　按投资市场分类

其中国外股票基金可进一步分为单一国家型股票基金、区域型股票基金、国际股票基金三种类型。单一国家型基金以某一国家的股票市场为投资对象，以期分享该国股票投资的较高收益，但会面临较高的国家投资风险；区域型股票基金以某一区域内的国家组成的区域股票市场为投资对象，以期分享该区域股票投资的较高收益，但会面临较高的区域投资风险。

■ 按股票规模分类

股票按市值大小可分为小盘股、中盘股与大盘股。同理，按基金投资的股票规模大小可以将基金分为中小盘股基金与大盘股基金两大类，具体内容如图 4-2 所示。

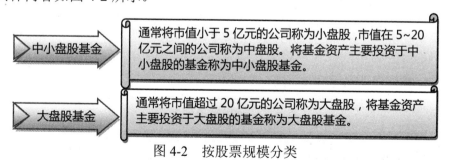

图 4-2　按股票规模分类

下面我们通过两个例子，分别对中小盘股基金和大盘股基金进行实战讲解。

如易方达中小盘股票基金，投资于中小盘股票的资金比例占基金总资产的92%，投资债券的资金比例占4%，银行存款占2%，其他资产占2%。其在2014年的收益率为30%。

如华夏大盘精选股票基金，投资于大盘股票的资金比例占基金总资产的87%，另外银行存款占6%，投资债券占4%，其他资产占3%。其在2014年的收益率为6%。

■ 按股票性质分类

根据股票性质的不同，通常可以将股票分为价值型股票与成长型股票，具体介绍如下。

● **价值型股票**：是指那些收益稳定、价值在短期内被低估、安全性较高的股票，因为业绩优秀且稳定，所以其市盈率、市净率通常较低.

● **成长型股票**：是指收益增长速度快、发展潜力大的股票、其市盈率、市净率通常较高。

所以，我们将专注于价值型股票投资的股票基金称为价值型股票基金；专注于成长型股票投资的股票基金称为成长型股票基金。同时投资于价值型股票与成长型股票的股票基金称为平衡型基金。

■ 按投资风格分类

基金资产在不同的基金管理人手中会呈现出不同的投资风格，人们常常会根据基金所持有的全部股票市值的平均规模与性质的不同而将股票型基金分为不同投资风格的基金，因此基金的分类与规模和投资风格有关，具体分类如表4-1所示。

表4-1 按投资风格分类

规模较小	规模中等	规模庞大
小盘成长	中盘成长	大盘成长
小盘平衡	中盘平衡	大盘平衡
小盘价值	中盘价值	大盘价值

■ **按行业分类**

以某一特定行业或板块为投资对象的基金就是行业股票基金，因此股票基金又可以根据投资的行业不同进行分类，如房地产基金、非银行金融基金、科技股基金等。

其中较为特殊的是金融地产行业股票基金，该基金以金融业与地产业的股票为主，辅以其他行业的股票。下面通过例子来看不同行业基金有些什么不同。

如工银瑞信金融地产行业投资基金，成立于 2013 年，其投资于金融业的资金比例占总资产的 50%；投资于地产业的资金比例占 18%；信息软件业 7%；制造业 3%。

如易方达医疗保健行业股票型证券投资基金，成立于 2011 年，其投资于医疗保健行业股票的资金比例不低于总资产的 85%。其投资收益在成立以来总计 26%，业绩基金基准为 27%。

如鹏华中证国防指数基金，成立于 2014 年，投资于国防指数成份股及其备选成份股的比例不低于基金资产净值的 90%，且不低于非现金基金资产的 80%，其投资收益在 2015 年 1 月至 7 月以来达到 54.29%。

可见基金将大部分资产集中投资于某一行业，面临的风险是非常大。而将基金资产分散投资于不同行业，则有利于分散风险，获取稳定收益。除非特别看好某一行业的发展前景，否则投资者不宜过多买入单一行业股票基金。

2. 股票型基金的 5 个特点

因为股票型基金的投资对象为股票，所以在投资过程中大致有以下5 个特点，具体如图 4-3 所示。

图 4-3　股票型基金的 5 个特点

股票型基金 5 个特点的具体内容如下。

- **投资多样性**: 与其他类型的基金相比，股票型基金的投资对象具有多样性、投资目的也具有多样性。如可以通过投资高成长的股票达到高收益的目的；也可以通过投资大盘蓝筹股达到稳定收益的目的。

- **分散风险**: 与投资者直接将资金投资于股票市场相比，购买股票型基金具有分散风险、费用较低的特点。对于一般投资者而言，个人的资金总是有限的，难以通过分散投资来降低投资风险。但购买股票型基金，投资者不仅可以分享各类股票的收益，而且可以通过股票型基金将风险分散到各类股票上，大大降低了投资风险。

- **流动性强**: 从资产流动性来看，股票型基金具有流动性强、变现能力强的特点。因为股票型基金主要投资于流通性好的股票，所以基金资产质量高、变现能力强。

- **收益可观**: 对投资者来说，股票型基金有经营稳定、收益可观的特点。通常情况下，股票型基金的风险比股票投资的风险低，因而收益较稳定。且投资对象为股票，收益相对于债券、货币等金融工具要高得多。

● 国际融资功能：股票型基金还具有在国际市场上融资的功能，就股票市场而言，其资本的国际化程度较外汇市场和债券市场低。投资者可以通过购买股票型基金，对其他国家或地区的股票市场进行投资，例如美国、欧洲等发达国家，也可以投资于印度、巴西等新兴市场，从而对证券市场的国际化产生积极的推动作用。

3. 在网上查看股票型基金的信息

投资者对股票型基金产生兴趣之后可以在网上查看股票型基金的相关信息。目前国内有许多大型财经门户类网站，例如东方财富网、和讯网、新浪财经网等。下面以和讯网为例，对如何在网上查看股票型基金的信息进行讲解。

Step01 首先进入和讯网首页，在页面上方的导航栏中单击"基金"超链接，就会跳转到基金页面。

Step02 进入基金页面后，单击导航栏数据项中的"净值"超链接，进入开放式基金按基金净值日涨跌幅度排列页面。

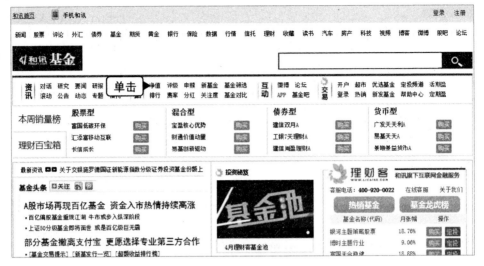

Step03 进入开放式基金按日涨跌幅度排列的页面，单击"股票型"超链接，就可以看到当前市场上所有的股票型基金按日涨跌幅度从高到低排列。

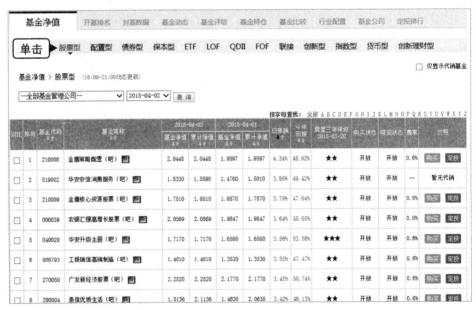

Step04 在股票型基金的页面，投资者若想关注某一基金公司旗下的股票型基金产品，在导航栏中单击"全部基金管理公司"下拉按钮，就可以看到所有的基金公司名称，选择某一具体基金公司名称，在此以工银瑞信基金管理公司为例，然后单击"查询"按钮即可。

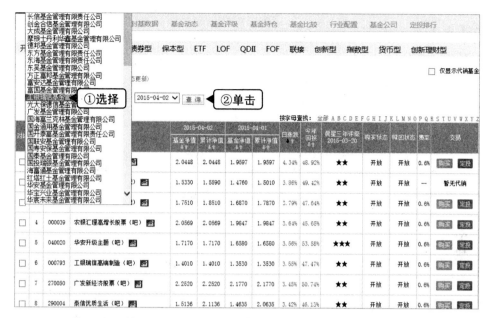

Step05 进入基金管理公司旗下基金产品页面后，不仅可以看到当前日期的基金基本信息，还可以选择查看不同时期的基本信息，单击代表时间的下拉菜单，即可查看不同时期的基金信息。

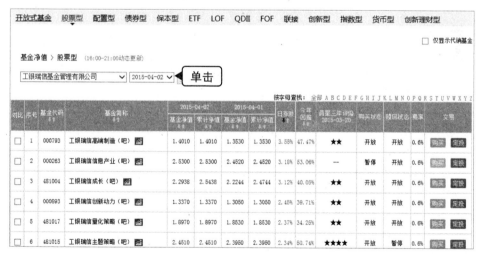

Step06 投资者若要查看某一基金产品的具体信息，单击产品名称，即可进入该基金产品的详细信息页面，以工银瑞信高端制造基金为例，在基金产品的详细信息页面，信息量非常大。

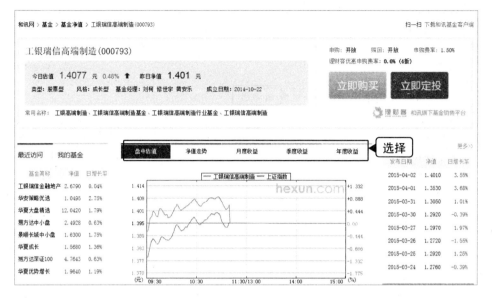

投资者在该基金的详细信息页面，可以查看多种信息，例如净值走势、月度收益、季度收益、年度收益等，投资者可根据需要进行选择。

02
进一步
了解股票型基金

股票型基金是将广大投资者的资金募集到一起，投资于股票市场，那么与投资者直接购买股票有什么区别呢？股票型基金与股票是否可以混为一谈呢？投资者在判断股票型基金时，不能仅考虑收益率这单方面的影响。在本节会介绍多种分析股票型基金的指标，投资者可以选择使用。

1. 股票型基金与股票的区别

投资者直接购买股票的风险，是较大的，那么是不是购买股票型基金也有同样的风险呢？在本节的最后将对股票型基金的风险进行介绍。

投资者投资股票通常是选择一只或几只股票进行购买，而股票型基金投资股票是十只甚至几十只股票的组合。所以股票型基金与股票的区别主要如下。

- 股票价格在一个交易日内始终处于变动之中；股票型基金的净值计算每天只进行一次，因此股票型基金的价格一个交易日只有一个。

- 影响股票价格的因素是受市场中买卖双方力量强弱对比的影响；股票型基金的净值不会受到市场中买卖基金双方力量强弱对比的影响。

- 投资者选择股票时，会根据其公司的基本面信息对股票价格是否合理做出判断，但投资者无法对股票型基金的净值高低是否合理做出判断，因为基金净值是由其持有的证券价格复合计算而来。

- 单一股票的投资风险集中，风险较大；股票型基金由于分散投资，投资风险要低于单一股票。

2. 分析股票型基金的指标

在投资股票时，投资者通常可以借助市盈率、市净率等技术指标对股票投资价值进行分析。同理，对股票型基金的分析也有一些常用的技术指标，如反映基金经营业绩的指标、反映基金风险大小的指标、反映基金组合特点的指标、反映基金运作成本的指标、反映基金操作策略的指标等。

■ 反映基金经营业绩的指标

反映基金经营业绩的主要指标包括基金分红、已实现收益、净值增长率等。反映基金经营业绩的指标具体内容如下。

- **净值增长率**: 是最主要的分析指标，最能全面反映基金的经营成果。简单的净值增长率指标计算公式如下:

净值增长率=（期末净值-期初净值+期间分红）÷期初净值

- **已实现收益**: 基金在当前实现的收益，如果基金只卖出有盈利的股票，保留亏损的股票，已实现收益就会很高，但基金的浮动亏损可能变得更大，因此已实现收益不能很好地反映基金的经营成果。

- **基金分红**: 是基金对基金投资收益的派现，其大小会受到基金分红政策、已实现收益、留存收益的影响，不能全面反映基金的真实表现。

■ 反映股票型基金组合特点的指标

依据股票型基金所持有的全部股票的平均市值、平均市盈率、平均市净率等指标，可以对股票基金的投资风格进行分析。

平均市值通常是将基金所持有全部股票的总市值除以其所持有的股票的全部数量，通过平均市值的计算和分析，可以看出基金是偏好大盘股还是中盘股，又或是小盘股。

通过计算基金所持有的全部股票的平均市盈率、市净率的大小，可以判断股票型基金倾向于投资价值型股票还是成长型股票。

如果基金的平均市盈率、平均市净率小于市场指数的市盈率和市净率，则认为该股票型基金属于价值型基金，反之，该股票型基金则属于成长型基金。

■ 反映基金运作成本的指标

费用率是评价基金运作效率和运作成本的一个重要技术指标。其计算公式如下:

费用率=基金运作费用÷基金平均资产

费用率越低，说明基金的运作成本越低，运作效率越高。基金运作费主要包括基金管理费、托管费、销售费用等。其中不包括申购费和赎回费。

相对于其他类型的基金，股票型基金的费用率较高，因为投资运作难度大，收益高。

■ 反映基金操作策略的指标

基金股票周转率通过基金买卖股票频率的衡量，可以反映基金的操作策略。通常它可以用基金股票交易量与基金平均净资产之比来衡量。

周转率低的基金倾向对股票的长期持有，周转率高的基金则倾向对股票的频繁买入和卖出。周转率高的基金，所需要支付的交易佣金和印花税也较高，会加重投资者的负担，对基金业绩造成影响。

3. 股票型基金的投资风险

股票型基金所面临的投资风险主要包括系统性风险、非系统性风险以及管理运作风险。其主要内容如图 4-4 所示。

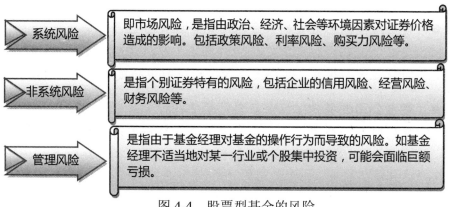

图 4-4　股票型基金的风险

股票型基金的系统风险不能通过分散投资来消除，因此又称为不可分散风险；非系统风险则可以通过分散投资来消除，称为可分散风险。

不同类型的股票型基金所面临的风险会有所不同，如单一行业股票型基金会存在行业投资风险，而以整个市场为投资对象的基金则不会存在行业风险。

03
股票型基金
投资策略与注意事项

股票型基金是一种高风险、高收益的投资产品，所以投资者在投资时一定要遵循科学的投资策略，也要了解一些投资股票型基金相关的注意事项。

1. 投资股票型基金的注意事项

因为股票型基金相对于其他类型的基金而言，面临的风险更大，所以投资者在购买前更应该谨慎。投资者在投资时应该注意以下几点。

- **投资取向**：看基金的投资取向是否适合自己，特别是没有运作历史的新基金公司所发行的新产品更应该仔细观察。基金的不同投资取向代表了基金未来在运作过程中的风险与收益程度。

- **基金公司的品牌**：投资基金是享受一种专业的理财服务，因此提供服务的公司自身素质非常重要。目前国内多家评级机构会按月公布基金评级结果。其中中国银河证券基金研究中心的评级得到广泛认可。

- **老基金的口碑**：市场中有不少基金的运营时间已经在 5 年以上，在长时间的运营过程中，会得到投资者或好或坏的评价，形成基金的口碑。投资者在选择基金时可以借鉴该基金在投资者间的口碑。

2. 股票型基金的投资策略

投资者购买一只股票型基金，意味着成为该基金所投资的上市公司的股东。通过股票型基金成为上市公司的股东后，可能获得两方面利润。

● 股票价格上涨的收益，即通常所说的"资本利得"。

● 上市公司给股东的分红，主要以现金和派股的形式进行。

股票型基金虽然会在短期"对价"行情中落后于市场，但其长期表现看好，投资者不应对股票型基金进行频繁调整，避免因交易成本上升导致净值表现落后大盘。股票型基金的投资策略如图4-5所示。

```
1. 耐心持有
    投资者在购买股票型基金后，应对当前以及未来股市的走势有大致的了解。只
要不是处于熊市的行情中，投资者都应耐心持有股票型基金。

2. 购买多种股票型基金
    投资者在对某一只股票型基金没有十足信心时，可以将资金一分为二，同时购
买两份股票型基金。如购买一份大盘蓝筹型股票基金，一份小盘成长型股票基金；
也可以购买两个不同行业的股票型基金，达到分散风险的目的。

3. 果断赎回
    投资者在对股票市场未来行情做出判断后，认为前景不容乐观，打算赎回股票
型基金时，应果断一些。
```

图 4-5　股票型基金的投资策略

3. 如何应对股票型基金的高台跳水

当股票市场迎来大行情的调整，即进入熊市行情时，股票型基金开始高台跳水，在基金净值不断缩水的情况下，投资者该如何应对呢？下面介绍几个应对股票型基金高台跳水的方法。

- **了解部分获利，落袋为安**：每逢基金市场出现大的波动，各类型的股票型基金业绩开始两极分化。一些基金乐于分红，达到一定条件就给投资者派发现金红利，有效地锁定投资收益，减小了未来可能的下跌风险。所以投资者在可以选择现金分红时应及时将收益现金化，落袋为安。

- **卖出老基金，买入新基金**：当熊市来临时，老基金的股票投资仓位重，无法及时清仓止损，投资者应及时卖出老基金，选择购买一些仓位轻的新基金。当股票市场处于明显上涨行情中，则应相反操作，买入老基金。

Fund
—— 手把手教你学基金投资 ——

第 5 章
股票型基金的投资技巧

股票型基金将大部分基金资产投资于股票市场，而股票市场有着高风险高收益的特点。股票型基金虽然利用资金的规模优势和专业的管理将股票风险降低。但作为普通的基金投资者而言，要想在股票型基金中稳获收益，也需要掌握一定的投资技巧，也是尽可能扩大基民收益的不二法门。

01
如何选择
股票型基金

> 广大基民在投资股票型基金之前，首先需要选择一只或几只股票型基金进行关注，在进一步了解之后再做出投资决策。在对股票型基金的了解之中，可以通过基金收益、基金经理以及投资风格等方面来选择适合自己的股票型基金。

1. 依据收益选择股票型基金

在所有类型的基金中，只有货币基金和债券基金有较为明确的预期收益率，其他类型的基金由于投资策略、投资方向、管理能力等多方面的差距，基金业绩差距很大，尤其是股票型基金。

在股票型基金内部，投资股票的行业不同，也会带来迥异的业绩表现。即使投资股票的行业相同，不同基金公司旗下的产品收益也会不同。

工银金融地产股票型基金在 2015 年 1～5 月的收益为 47.84%，同为工银瑞信基金管理公司旗下的工银医疗保健股票型基金在 2015 年 1～5 月的收益达 139.92%；工银主题策略股票型基金，超过 50%的资产投资于制造业，投资于信息科技产业将近 30%，在 2015 年 1～5 月的收益达 148.4%。而同时间段的嘉实医疗保健股票型基金的收益为 108.15%；银河主题策略股票型基金同期的收益达 164.35%。

由此可以看出，不同投资对象的基金收益差距较大，同一类型的基金在不同的基金经理的管理下，收益差距也会出现差距。因此，基金投资者在选择股票型基金时应选择同一类型中收益较高的产品。

投资者可以通过各大基金公司官方网站以及和讯网基金、好买基金网等第三方网站了解各类基金产品的收益情况。下面以和讯网为例，对依据收益选择股票型基金进行详细讲解。

Step01 在进入和讯基金网页面之后，单击"日涨跌"选项卡，列表内所有的基金产品将按照当日涨幅从高至低排列。

对比	序号	基金代码	基金简称	2015-06-04 基金净值	累计净值	2015-06-03 基金净值	累计净值	日涨跌	今年回报	星级	购买状态	赎回状态	费率	交易
□	1	690008	民生加银内地资源（吧）	1.1170	1.1170	1.0880	1.0880	2.67%	46.78%	★	开放	开放	0.6%	购买 定投
□	2	000835	华润元大富时中国（吧）	1.7910	1.7910	1.7600	1.7600	1.76%	24.12%	★★	开放	开放	--	暂无代销
□	3	519671	银河沪深300价值（吧）	1.5770	1.5770	1.5560	1.5560	1.35%	24.56%	★★	开放	开放	0.6%	购买 定投
□	4	510700	上证市值百强ETF（吧）	3.8010	2.1130	3.7520	2.0860	1.31%	40.63%	★★	开放	开放	--	暂无代销
□	5	519180	万家180（吧）	1.1907	3.5307	1.1754	3.5154	1.30%	39.36%	★★	开放	开放	0.6%	购买 定投
□	6	200012	长城中小盘成长（吧）	1.6240	1.6240	1.6090	1.6090	0.93%	31.82%	★★★	开放	开放	0.6%	购买 定投
□	7	161607	融通巨潮100（吧）	1.5080	3.0220	1.4950	3.0090	0.87%	34.16%	★★	开放	开放	1.2%	购买 定投
□	8	519100	长盛中证100指数（吧）	1.3842	2.0452	1.3733	2.0343	0.79%	32.95%	★★	开放	开放	0.6%	购买 定投
□	9	161907	万家中证红利LOF（吧）	2.0785	2.0785	2.0628	2.0628	0.76%	70.19%	★★★	开放	开放	0.6%	购买 定投
□	10	200002	长城久泰沪深300（吧）	2.0087	4.8687	1.9958	4.8558	0.65%	43.56%	★★	开放	开放	0.6%	购买 定投
□	11	660008	农银汇理沪深300（吧）	1.6404	1.6404	1.6305	1.6305	0.61%	45.85%	★★	开放	开放	0.6%	购买 定投
□	12	167901	华宸未来沪深300（吧）	2.0380	2.0380	2.0260	2.0260	0.59%	45.68%	★★	开放	开放	--	暂无代销

Step02 如果投资者再次单击"日涨跌"超链接，列表内的所有基金将按照当日跌幅自高向低排列。

对比	序号	基金代码	基金简称	2015-06-04 基金净值	累计净值	2015-06-03 基金净值	累计净值	日涨跌	今年回报	星级	购买状态	赎回状态	费率	交易
□	1	001105	信达澳银转型创新（吧）	1.2540	1.2540	1.2970	1.2970	-3.32%	--	★★	开放	开放	--	暂无代销
□	2	610004	信达澳银中小盘（吧）	1.9300	1.9300	1.9910	1.9910	-3.06%	71.25%	★★	开放	开放	0.6%	购买 定投
□	3	610007	信达澳银消费（吧）	3.0370	3.0370	3.1330	3.1330	-3.06%	85.41%	★★	开放	开放	0.6%	购买 定投
□	4	519185	万家精选（吧）	2.2668	2.3468	2.3344	2.4144	-2.90%	117.71%	★★★★	开放	开放	0.6%	购买 定投
□	5	161903	万家行业优选（吧）	1.1152	2.7546	1.1435	2.8048	-2.47%	97.48%	★★	开放	开放	0.6%	购买 定投
□	6	310368	申万菱信竞争优势（吧）	2.7024	3.1724	2.7664	3.2364	-2.31%	88.49%	★★★	开放	开放	0.6%	购买 定投
□	7	000884	民生加银优选股票（吧）	1.7480	1.7480	1.7880	1.7880	-2.24%	73.07%	★★	开放	开放	0.6%	购买 定投
□	8	161611	融通内需驱动（吧）	1.8510	1.9710	1.8930	2.0130	-2.22%	94.43%	★★★	开放	开放	1.2%	购买 定投
□	9	519115	浦银安盛红利精选（吧）	2.6470	2.6470	2.7040	2.7040	-2.11%	136.13%	★★★	开放	开放	0.6%	购买 定投
□	10	660015	农银汇理行业轮动（吧）	3.7858	3.8858	3.8668	3.9668	-2.09%	123.82%	★★	开放	开放	0.6%	购买 定投
□	11	200015	长城优化升级股票（吧）	1.9210	2.0360	1.9600	2.0750	-1.99%	38.80%	★★	开放	开放	0.6%	购买 定投
□	12	519672	银河蓝筹精选（吧）	2.9550	2.9550	3.0140	3.0140	-1.98%	101.16%	★★★★	开放	开放	0.6%	购买 定投

Step03 不过多数情况下，单日的涨跌幅度无法有效的说明一只基金产品的盈利能力，因为一个交易日的数据太少，不具备说服性。投资者可以在同一页面内单击"今年回报"选项卡，从周期更长的角度来分析基金的盈利能力，只有长期稳定的保持盈利，才是好的基金产品。

对比	序号	基金代码	基金简称	2015-06-04 单位净值	2015-06-04 累计净值	2015-06-03 基金净值	2015-06-03 累计净值	日涨跌	今年以来回报	晨星三年评级 (单击)	状态	申购状态	费率	买卖
☐	1	519110	浦银安盛价值成长（吧）	3.6400	3.7100	3.6750	3.7450	-0.95%	163.69%	★★★★★	开放	开放	0.6%	购买 定投
☐	2	000522	华润元大信息传媒（吧）	2.6940	2.6940	2.7170	2.7170	-0.85%	162.57%	—	开放	开放	—	暂无代销
☐	3	519679	银河主题策略股票（吧）	6.3160	6.3160	6.4210	6.4210	-1.64%	160.03%	★★	开放	开放	0.6%	购买 定投
☐	4	519670	银河行业优选（吧）	4.3150	4.9700	4.3490	5.0040	-0.78%	153.79%	★★★★★	开放	开放	0.6%	购买 定投
☐	5	519688	银河竞争优势成长（吧）	2.7750	3.8928	2.7861	3.9039	-0.40%	153.09%	★★★★★	开放	开放	0.6%	购买 定投
☐	6	161813	融通创业板指数（吧）	2.8960	3.5060	2.9210	3.5310	-0.86%	147.73%	★★	开放	开放	0.96%	购买 定投
☐	7	580008	东吴新产业精选（吧）	3.8370	3.8370	3.8150	3.8150	0.58%	145.65%	★★★★	开放	开放	0.6%	购买 定投
☐	8	519115	浦银安盛红利精选（吧）	2.6470	2.6470	2.7040	2.7040	-2.11%	138.13%	★★★	开放	开放	0.6%	购买 定投
☐	9	080005	长盛量化红利（吧）	3.0620	3.1020	3.0960	3.1360	-1.10%	134.64%	★★★★	开放	开放	0.6%	购买 定投
☐	10	519673	银河康乐股票（吧）	2.3850	2.3850	2.4120	2.4120	-1.12%	131.78%	★★	开放	开放	—	暂无代销
☐	11	310388	申万菱信消费增长（吧）	2.3840	2.4820	2.3880	2.4860	-0.17%	131.15%	★★★★	开放	开放	0.6%	购买 定投
☐	12	660005	农银汇理中小盘（吧）	3.7618	3.7918	3.8173	3.8473	-1.45%	129.87%	★★★★	开放	开放	0.6%	购买 定投

从上图中可以发现，2015年以来收益居前列的基金产品在6月4日当天收跌的占多数。由此也证明了，只看某一个交易日的涨跌幅度是无法选择出好基金的。

面对如此多，涨幅如此大的基金又该如何做出选择呢？投资者一方面可以借鉴上图中"晨星三年评级"选项卡中的内容，选择那些评级高，当年收益高的股票型基金最为稳妥。另一方面，投资者也可以根据自己对不同基金公司的偏好，或不同行业板块的熟悉程度进行综合选择。

王先生在2005年开始从事房地产销售行业，几乎完整经历了房地产行业2003年至2013年的黄金十年。王先生自己的收入在这几年间也水涨船高，在买房、结婚生子之余还有所存款。

王先生的受教育水平不低，也知道闲钱放在银行里不划算，可怜的银行利息甚至低于通货膨胀。后来他听同事说，基金是一种收益较高，风险较低的理财方式，王先生就动了心思，工作之余就去做了一些相关了解并开立了基金账户，但迟迟下不去购买基金的决心。

进入2014年，房地产行业走出黄金十年，国家政策调控的加剧，市场竞争的日益激烈，让王先生的日子不那么好过，眼看着工资收入不如从前，他终于狠下心打算购买基金。因为对房地产行业的了解，王先生认为房地产行业虽然不如以前景气，但长期来看仍然有发展空间，所以他购买了国投金融地产ETF联接基金总计10万元，看重的就是该基金产品对房地产行业上市公司的重仓持有，且持有的地产公司都是土地储备丰富，业绩稳定的企业。

到 2014 年底，国投金融地产 ETF 联接基金的收益率达 82.7%，王先生开始投入的 10 万元资金，已经增长为 18 万元左右，大大缓解了其工资收入降低带来的生活困扰。

2. 选择基金经理

在所有类型的基金产品中，股票型基金是受基金经理能力影响最大的一类基金产品。

一个有能力的基金经理可以给股票型基金带来稳定且高额的基金收益，所以选择股票型基金的同时，也需要关注基金的基金经理。

基金经理主要负责基金资产的管理、投资运作，是基金最终能否盈利，盈利多少的关键因素。

不同基金经理的投资能力有明显差距，同时投资风格也大不相同，投资者应该根据自身情况选择符合自己的基金经理以及基金产品。

了解基金经理的途径主要有基金公司官方网站对基金经理的介绍，第三方网站对基金经理的评价等。下面运用这两种方式对近年成绩优异的基金经理做个简单了解。

在好买基金网（http://www.howbuy.com/fund/manager）的基金经理页面，默认显示是基金经理按人气排行，除了说明市场关注人气，并不能说明太多基金经理的能力问题。

投资者可以单击"长期业绩榜"选项卡，将基金经理按照近一年收益从高到低排列，具体内容如图 5-1 所示。

长期业绩榜　短期业绩榜

更新时间：2015-06-08

姓名	基金公司	主要负责基金	近一年收益	从业时间
欧阳沁春	汇添富	汇添富社会责任股票	273.73%	7年又318天
蒋建伟	浦银安盛	浦银安盛价值成长股票	262.16%	4年又320天
彭敢	宝盈基金	宝盈策略增长股票	260.63%	4年又214天
姚晨曦	中海基金	中海消费主题精选股票	251.62%	52天
刘晓龙	广发基金	广发新动力股票	250.20%	4年又196天
金梓才	财通基金	财通价值动量混合	249.74%	200天

图 5-1　长期业绩榜

从图 5-1 中可以看出，近一年以来，因为股票市场在 2014 年至 2015 年 6 月，整体都处于牛市之中，且大盘指数的涨幅很大，所以各个股票型基金的收益都非常之高也是情理之中。

其中排名第一的是汇添富基金公司旗下的汇添富社会责任基金，近一年的收益率达 273.73%，从基金发展历史来看，也是非常高的。

排名第一和排名第六的两家基金，收益差距也达到了 20%以上，可见基金经理的投资能力与投资风格上的差距，对基金收益的影响非常之大。

如果在这个页面内，投资者对某些基金产品或基金经理感兴趣，可以单击其对应的姓名超链接，对基金经理的职业经历、历史成绩进行更为详细的了解。

预期持有基金时间较短的投资者，可能对基金的短期业绩更为关心。投资者可以在此页面内单击“短期业绩榜”选项卡，即可查看最近一个月内基金收益排名前列的基金产品及基金经理，如图 5-2 所示。

姓名	基金公司	主要负责基金	近一月收益	从业时间
孔学兵	富安达	富安达优势成长股票	63.57%	3年又259天
卢扬	上投摩根	上投摩根转型动力混合	56.57%	220天
顾中汉	建信基金	建信中小盘先锋股票	55.96%	3年又239天
史高飞	诺安基金	诺安成长股票	54.90%	133天
刘红辉	诺安基金	诺安成长股票	54.90%	7年又11天
王然	东方基金	东方策略成长股票	54.33%	39天

图 5-2　短期业绩榜

从图 5-2 中可以看出，近一个月以来基金收益最高达到 63.57%，业绩十分惊人，这与市场整体行情趋势好分不开。因此投资者在牛市中，可以选择短期收益高，成立时间短的新基金；在熊市中，则尽量选择收益稳定，成立时间长的老基金。

说到基金经理，就不得不提前华夏基金副总经理王亚伟，他在基金经理任职中，收获了无数荣耀。

王亚伟，1971 年 9 月 11 日出生在安徽马鞍山市，毕业于清华大学。曾任职华夏基金管理公司副总经理、副总裁、投资决策委员会主席、华夏大盘精选基金和华夏策略混合基金经理。2007 年，王亚伟则获得"中国最赚钱的基金经理"的殊荣，一举将基金金牛奖、明星奖、最佳表现奖、最高回报奖、最受欢迎奖尽数收入囊中。

2009 年，王亚伟当选09"股基王"。2010 年 7 月 1 日，《福布斯》中文版发布了 2010 中国十佳基金经理榜。华夏大盘精选基金经理王亚伟以 48.17%的超越基准几何年化收益率，连续两年夺冠。2011 年，《福布斯》中文版发布了 2011 中国最佳基金经理 50 强榜单，华夏基金王亚伟以最近 5 年 748.90%的总回报毫无悬念名列第一。

华夏大盘精选股票型基金，是王亚伟最为著名的杰作。虽名为"大盘"，实际上配置了不少中小盘，2007年，该基金气势如虹，更以226%的净值增长率高居国内各类型基金之首，比第二名高出35个百分点，其净值增长率是同期上证综指涨幅的2.33倍。一时间，华夏大盘成为万众瞩目的牛基。

真正确立王亚伟江湖地位的，则是2008年的大熊市。"熊市跌得比别人少，牛市涨得比别人快"，这一辉煌业绩，让许多基金经理和基民，对王亚伟的崇拜之情油然而生。2008年华夏大盘在股市暴跌中成为基金抗跌亚军。

而在王亚伟的明星效应下，华夏基金实现了全面开花。截至2008年底，华夏基金旗下共有19只公募证券投资基金，公募资产净值总额达到1 888.62亿元，市场份额高达9.74%，位居全部61家基金公司第一位。虽然王亚伟在2012年离开华夏基金，转战私募，但其在股票型基金中的影响无人可撼动。

3. 按投资风格选择股票型基金

投资风格是指基金经理在构建投资组合和选择股票过程中所折射出来的理念、操作和风险观念等外部表现的总和。主要可以分为积极型与被动型、大盘型中盘型与小盘型、技术分析型与基本面分析型等几类。而股票型基金基本都属于积极型的投资风格，目的是为了通过积极的选股策略，使得基金产品的收益高于市场平均收益。

现在市场中有超过2 000只的基金产品供投资者选择，面对如此多的产品，投资者都会无所适从。但面对70多家基金公司，进行了解选择就轻松得多。

不同的基金公司有不同的投资擅长领域，形成不同的投资风格。从整体上来看，做股票型基金较好的基金公司有华夏基金、易方达、嘉实等老牌基金公司。

其他类型的基金，如混合型基金，则是富国基金和华夏基金较为出名；债券基金当属东方基金、华富基金、工银瑞信基金等；货币型基金则是天弘基金、大摩基金、万家基金等排名前列。

在选定一家投资风格较为适合自己的基金公司后，可以在其官方网站上查询旗下所有股票型基金的详细内容，主要是"重仓持股"和"持股变动"两方面的信息。

进入华夏基金官方网站，选择股票型基金，并以华夏复兴股票型基金为例，单击"重仓持股"选项，具体内容如图 5-3 所示。

序号	股票代码	股票名称	数量（股）	公允价值（元）	占净资产比例(%)
1	600690	青岛海尔	10,049,879	259,688,873.36	7.00
2	600887	伊利股份	8,356,167	257,787,751.95	6.95
3	300267	尔康制药	5,003,432	245,418,339.60	6.62
4	300070	碧水源	5,509,689	238,789,921.26	6.44
5	002436	兴森科技	4,769,893	200,335,506.00	5.40
6	300273	和佳股份	5,790,214	180,654,676.80	4.87
7	600803	新奥股份	8,064,360	147,377,788.00	3.98
8	000001	平安银行	7,959,688	125,368,238.00	3.38
9	601688	华泰证券	3,819,963	115,019,085.93	3.10
10	600109	国金证券	4,406,142	112,532,866.68	3.04

华夏复兴股票 2015年 前10大重仓股持股明细　报告日期：2015-03-31

图 5-3　华夏复兴股票型基金重仓持股

从华夏复兴股票型基金的重仓持股可以看出，前两位分别是青岛海尔与伊利股份，都是与投资者生活息息相关的民族品牌。这两家上市公司的共同特点是业绩优秀且稳定，基本面问题不大。

而重仓持股前十位中，创业板仅占三席，且是医药和环保较为热门的板块，风险相对较小。

投资者在选择基金前，应尽量对该基金重仓持股排名前十的股票做大致了解，比较购买股票型基金与投资股票，成为上市公司股东的差别不大。

投资者还可以对基金的持股变动进行了解，与当前重仓持股进行比较，从而分析该基金的投资风格以及投资思路。同样以华夏复兴股票型基金为例，如图 5-4 所示为华夏复兴股票型基金累计买入排名前十五的股票。

序号	股票代码	股票名称	本期累计买入金额	占期初基金资产净值比例（%）
			累计买入金额前二十名的股票明细	截止日期：2014-12-31
1	600887	伊利股份	252,808,207.96	5.65
2	600048	保利地产	167,490,524.27	3.75
3	600690	青岛海尔	157,964,136.14	3.53
4	000001	平安银行	155,403,427.11	3.48
5	002436	兴森科技	153,801,236.10	3.44
6	300273	和佳股份	152,237,312.34	3.40
7	000800	一汽轿车	139,376,412.75	3.12
8	002502	骅威股份	125,964,655.29	2.82
9	601318	中国平安	125,383,399.48	2.80
10	300367	东方网力	125,338,635.89	2.80
11	300267	尔康制药	122,389,837.80	2.74
12	600837	海通证券	119,409,504.32	2.67
13	600880	博瑞传播	116,883,914.05	2.61
14	600016	民生银行	116,505,608.68	2.61
15	300315	掌趣科技	115,198,105.64	2.58

图 5-4　华夏复兴股票型基金累计买入排名前十五

　　从图 5-4 可以看出，华夏复兴股票型基金在进行投资买入时，主要选择目标是业绩良好，品牌影响力大的国企上市公司，例如保利地产、平安银行、一汽轿车、中国平安、海通证券等。

　　从投资买入的股票的类型来看，有地产行业、汽车整车板块、保险板块、证券板块、银行板块等权重较高的行业板块。另一方面，涉及的创业板股票则是极少数。

　　再对该基金涉及板块内部进行分析，发现华夏复兴股票型基金投资买入的个股都是板块内业绩优良、股价强势的偏龙头的个股。因此，暂时可以判断该基金的投资风格较为稳健，但稳健中仍对收益有一定的追求目标。

　　如图 5-5 所示为华夏复兴股票型基金累计卖出前十五名的股票。从排行前十五名的个股可以看出，创业板的个股占到了三分之一。表明该基金选择从创业板逐步撤离，规避"神创板"的高风险。

　　而在卖出的其他类型股票，则多属于新能源板块、计算机设备板块以及通信服务等板块的高成长个股。这些股票的共同特点就是公司主营业务属于朝阳产业，高新技术含量高，同时股价波动也较大。

　　综合华夏复兴股票型基金的重仓持股与投资买入、卖出的持股变动情况的分析，显而易见的是，该基金的投资风格逐渐由追求高收益转向稳健，投资对象由高成长类股票转为收益与稳定兼顾的大盘股。

序号	股票代码	股票名称	本期累计卖出金额	占期初基金资产净值比例（%）
1	300058	蓝色光标	232,278,165.76	5.19
2	600887	伊利股份	218,640,484.25	4.89
3	002236	大华股份	198,519,817.94	4.44
4	600637	百视通	196,116,264.20	4.39
5	300367	东方网力	195,281,818.35	4.37
6	002241	歌尔声学	181,050,107.94	4.05
7	002690	美亚光电	172,457,995.56	3.86
8	300146	汤臣倍健	160,520,051.57	3.59
9	300349	金卡股份	145,021,887.44	3.24
10	000049	德赛电池	143,634,673.16	3.21
11	300162	雷曼光电	142,461,964.25	3.19
12	600690	青岛海尔	134,422,956.87	3.01
13	002415	海康威视	132,647,421.47	2.97
14	002488	金固股份	123,229,755.61	2.76
15	300043	互动娱乐	121,567,828.50	2.72

图 5-5　华夏复兴股票型基金累计卖出排名前十五

02
利用指标
分析股票型基金

在进行股票投资时，投资者可以借助每股收益、市盈率、市净率等技术指标对股票投资价值进行分析。同样道理，投资者在投资股票型基金时也可以使用一些技术指标，例如反映基金经营业绩的指标，基金风险大小的指标以及操作策略指标、基金运作成本指标等。

1. 反映基金经营业绩的指标

反映基金经营业绩的指标主要有基金分红、已实现收益、净值增长率等。其中基金分红与净值增长率是较为关键的技术指标，可以较为全面地反映基金的经营成果。

基金分红是基金对基金投资收益的派现形式，其多少会受到基金分红政策、已实现收益、留存收益等因素的影响。对于股票型基金而言，多数情况下不会选择分红，而是选择将投资收益进行再投资。

图 5-6 所示为华夏收入股票型基金的历史分红信息。

历史分红

华夏收入股票(288002) 历史分红

权益登记日	红利发放日	每份分红
2007-01-31	2007-02-02	1.2900
2006-05-11	2006-05-15	0.1100
		合计:1.4000

总共3条记录，20条/页,第1/1页　首页 | 上一页 | 下一页 | 尾页　跳转到第 1 页 GO

图 5-6　华夏收入股票型基金历史分红信息

从 2005 年成立到 2015 年，将近十年的时间，该基金仅分红两次。这与基金好坏无关，分红少甚至没有，是多数股票型基金的共性。

当然也存在不少热衷分红的股票型基金，这类基金也是喜欢现金分红投资者的最佳选择。例如银华优质增长股票型基金，如图 5-7 所示为其历史分红信息。

基金分红　基金分拆

序号	权益登记日	红利发放日	每份分红（元）
1	2015-03-04	2015-03-05	0.1927
2	2014-03-14	2014-03-17	0.0553
3	2014-02-24	2014-02-25	0.0553
4	2014-01-23	2014-01-24	0.0553
5	2011-03-25	2011-03-28	0.1100

图 5-7　银华优质增长股票型基金历史分红信息

这类热衷于现金分红的基金，在市场行情好，经营业绩突出时，分红力度尤其大，对于投资者而言也是有利无害的。

基金的净值增长率对基金的分红、已实现收益、未实现收益等都加以考虑，是最能反映基金经营成果的技术指标。也是基金投资者在分析基金时，最为直观的一个指标。

投资者可以在任意一家基金公司的官方网站上查看其他基金产品的净值增长率的走势情况。图 5-8 所示为华夏行业股票型基金（LOF）一年内基金累计净值走势。

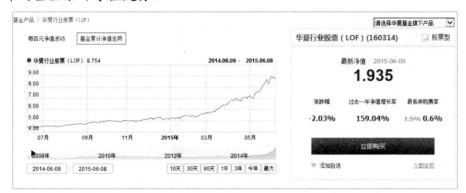

图 5-8　华夏行业股票型基金（LOF）净值走势示意图

投资者可以在页面内根据需求，选择查看不同时间的净值走势，如短期内的 10 天、30 天；中期的 90 天、一年，或者长期的 3 年。通过查看示意图，可以很直观的了解该基金的净值增长率。

2. 反映基金风险大小的指标

在投资基金时，常用来反映股票型基金风险大小的指标有净值增长率变动、贝塔值、持股集中度、行业投资集中度、持股数量等。

其中净值增长率变动与持股集中度是最直观，最有效地反映基金风险大小的指标。

■ 净值增长率变动

有的股票型基金每年的净值增长率的变动可能较大，有的股票型基金净值增长率的变动则很小。

基金的净值增长率波动越大，该基金的风险就越高。图 5-9 所示为工银瑞信中小盘股票型基金 2014 年至 2015 年 6 月的净值走势。

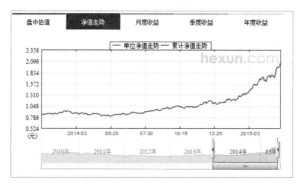

图 5-9　工银瑞信中小盘基金净值走势示意图

根据图 5-9 查阅相关资料可以知道，该基金在 2014 年的净值增长率为 29%；该基金在 2015 年 1 月~6 月的净值增长率为 115%。

两个不同时间段的净值增长率相距甚远，表明该基金的业绩表现不稳定，起伏过大，其中蕴含的投资风险也较大。

■ 持股集中度

持股集中度是指某基金前十大重仓股投资市值与基金股票投资总市值的比值。持股集中度越高，说明基金在前十大重仓股中的投资越多，基金的风险也越大。

持股集中度的计算公式具体如下。

$$持股集中度 = \frac{前十大重仓股投资市值}{基金股票投资总市值}$$

与持股集中度相似的还有行业投资集中度，通过计算基金在前三大行业或前五大行业投资的市值占基金股票投资总市值的比例，分析其风险的高低。

图 5-10 所示为华夏盛世股票前 10 大重仓股持股明细示意图。

华夏盛世股票前10大重仓股持股明细				截止日期 2013-03-31
代码	股票名称	持仓量 (股)	市值 (元)	占净资产比例(%)
002202	金风科技	15,737,058	299,948,325.48	6.31
600048	保利地产	25,499,916	292,994,034.84	6.17
300077	国民技术	7,333,662	291,513,064.50	6.14
600887	伊利股份	8,655,962	267,036,427.70	5.62
601166	兴业银行	12,868,701	236,269,350.36	4.97
300070	碧水源	4,499,841	195,023,108.94	4.11
601633	长城汽车	2,860,962	148,798,633.62	3.13
600292	中电远达	4,935,784	139,238,466.64	2.93
002572	索菲亚	4,244,054	132,414,484.80	2.79
002601	佰利联	4,499,772	131,978,312.76	2.78
	总计		2,135,214,209.64	44.95

图 5-10　华夏盛世股票前 10 大重仓持股明细示意图

从图 5-10 中可以看出，华夏盛世股票型基金前 10 大重仓股占基金净资产 44.95%。通常情况下，用于股票投资的基金资产是低于基金净资产的，因此华夏盛世股票型基金的持股集中度应该比 44.95%更低。

由此可见，该基金的持股集中度并不高，持股较为分散，投资风险也相应降低很多。

3.　表示基金运作成本的指标

在基金的运作过程中会产生一系列费用，其中占比例最大的是基金管理费和托管费。相对于其他类型的基金产品，股票型基金因其投资管理的难度较大，费用也更高。

判断基金运作成本的高低，主要使用费用率指标，可以直观地反映基金运作效率。

在同类型的股票型基金中，费用率越低，表明基金的运作成本越低，运作效率越高。在基金实战投资中，也会出现明星基金经理的管理费明显高于其他基金的情况。

明星基金经理有着更强的投资管理能力，可以给投资者带来更高的投资收益，所以收取更高的管理费在情理之中。

费用率的计算较为简单，即基金运作费用与基金平均净资产的比值。下面以华夏复兴股票型基金为例，对其费用率进行计算。图 5-11 所示为华夏复兴股票型基金的基金费率信息。

基金费率

基金申购费率

	条件	费率
前端	申购金额 ≥ 1,000万元	每笔按1 000元收取
	500万元 ≤ 申购金额 < 1,000万元	0.80%
	100万元 ≤ 申购金额 < 500万元	1.20%
	申购金额 < 100万元	1.50%

基金赎回费率

	条件	费率
基金赎回费率		0.50%

基金运作费

基金管理费	1.50%
基金托管费	0.25%

图 5-11　华夏复兴股票型基金费率信息示意图

从图 5-11 可以看出，华夏复兴股票型基金的运作费为管理费加上托管费，总计 1.75%。截至 6 月 12 日，基金净值为 2.632 元，所以费用率为 1.75%除以 2.632 元，等于 6.6%。

03 如何最优赎回股票型基金

投资者选择投资基金，能否盈利的前提下选择一只优秀的基金。而能否将投资基金的收益落袋为安，如何最优赎回股票型基金则成为重中之重。

1. 赎回股票型基金的步骤

赎回股票型基金可以在基金公司的官方网站进行赎回，也可以在基金公司所提供的行情软件中进行赎回。

由于直接登录网页，有一定的风险。下面对如何在基金公司提供的行情软件中赎回股票型基金的步骤进行简单讲解，不同基金公司的交易日软件页面有所不同，可能有着不同的步骤，但总体上相差不大。

Step01 如图所示为华泰柏瑞基金公司所提供的基金行情软件页面。在此页面内，投资者可以看到自己所持有的基金份额、基金净值、成本价等多方面的信息，比起网页更为方便。

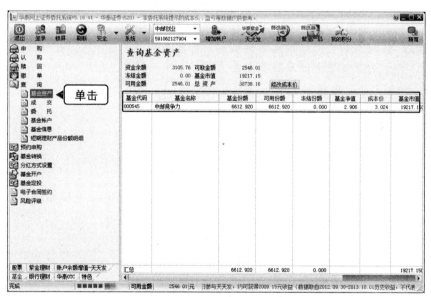

Step02 从上图可以看到，该基金账户持有华泰柏瑞基金公司旗下的中邮竞争力股票型基金，可用份额为6 612.92份，当前基金净值为2.906元，成本价位3.024元。投资者的基金成本价位3.024元，而当前的基金净值为2.906元，很明显该基金当前处于亏损状态，如果投资者执意赎回，可以在华泰柏瑞基金公司行情软件赎回页面进行对应操作。

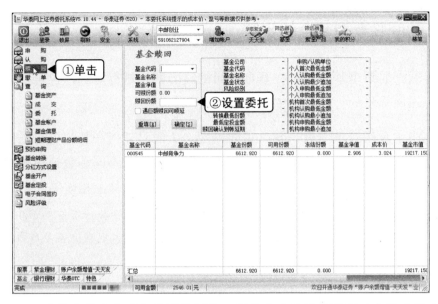

Step03 在输入基金代码和赎回份额后，再单击确定按钮即可。在完成基金赎回后，由于股票型基金涉及股票交易，与基金净值计算，所以涉及的资金通常会在T+4个工作日内转到投资者指定账户中。

2. 最优赎回股票型基金

当投资者决定赎回基金时，赎回资金后到账的时间是投资者最为关注的问题。基金的赎回，实质上就是基金份额的变现。

如果投资者在赎回股票型基金时，先将其转换为货币型基金，再进行赎回，将可以大大缩短资金到账的时间。

通常情况下，股票型基金转换为货币型基金只需要一个工作日，而货币型基金的赎回资金到账时间在 T+2 个工作日内，通常为一个工作日即可到账。这样算下来，将股票型基金转换为货币型基金进行赎回，可以节约投资者一半的时间。

Fund

—— 手把手教你学基金投资 ——

第 6 章

分析股票型
基金持仓的股票

基金投资者在选择股票型基金时，除了分析股票型基金本身的收益率、投资风格、基金经理等因素之外，更为重要的是分析股票型基金所持有的股票本身。因为股票型基金超过 90%的资金都投资于股票，所以股票本身的涨跌将直接关系到股票型基金的盈利情况。

01
关于价值投资

> 中国当前的股票市场，延续了多年以来的投机操作与趋势投资，价值投资在中国的影响微乎其微。

1. 价值投资的由来

中国的股票投资者都讲究低买高卖，完全忽视上市公司的基本方面与经营管理。

上市公司也不愿意分红派息，更喜欢将利润用于扩大再生产，用于扩大经营规模，从而形成了公司发展得越大，股东的收获却寥寥无几，与公司发展的速度不成比例。

而价值投资更侧重于公司的经营与管理，近年来最著名的价值投资案例，就是大家津津乐道的巴菲特投资比亚迪，以及一系列的价值投资操作，都让价值投资者为之倾倒。

说起价值投资，人们总会想起巴菲特。其实价值投资并不是巴菲特创立的，而是他的老师格雷厄姆在 1934 年前后所发表的《证券分析》一书中提出。

1948 年，格雷厄姆在其投资组合中买下当时一家民营的政府雇员保险公司（Geico 公司，全称 Government Employees Insurance Co），但是他并未注意到共同基金不能持有保险公司，因此只好将美国政府雇员保险公司变成一家公开上市公司，把原本收购的股份转分给格雷厄姆·纽曼基金的持有人，美国政府雇员保险公司的股价立刻一飞冲天。

由于个别基金投资人出售美国政府雇员保险公司股票的时间不同，因此很难估算投资该股票的实际获利率，但截至 1972 年，美国政府雇员保险公司股票的涨幅已超过 28 000%。许多投资人把美国政府雇员保险公司的股票当成传家宝来代代相传。1995 年巴菲特买下该公司余下的 49%的股票时，美国政府雇员保险公司作为价值投资典型标志的这段历史又重演了一次。

价值投资就是寻找以等于或低于其内在价值的价格标价的证券。这种投资可以一直持有，直到有充分理由把它们卖掉。比如，股价可能已经上涨；某项资产的价值已经下跌；或者政府公债已经不再能提供给投资者和其他证券一样的回报了。

遇到这样的情形时，最受益的方法就是卖掉这些证券，然后把钱转到另外一个内在价值被低估的投资上。

价值投资由格雷厄姆创立，并在巴菲特身上得到发扬光大，其价值投资实例数不胜数。

巴菲特二十年前就知道沃尔玛是好公司，但是他直到他 75 岁时才买入沃尔玛。2005 年第一次重仓买入沃尔玛，投资 9.42 亿美元买入 19 944 300 股。占公司发行总股本的 0.51%，占伯克希尔股票投资组合的 2.54%。

但是巴菲特买入之后，2006 年上涨 0.13%，2007 年上涨 4.89%，2008 年上涨 20%，2009 年上涨下跌 2.56%，2010 年上涨 3.22%，整整 5 年才上涨了 26.72%，连中国的定期存款利率都不如。不过 2011 年上涨 13.84%，2012 年前 8 个月上涨了 24%，非常抢眼。

巴菲特买入这 6 年 8 个月沃尔玛只上涨了 78.58%，年复合收益率只有 9%左右，并不算高。不过巴菲特 2009 年 3 季度增持 17 892 442 股，4 季度增持 1 200 500 股，增持近一倍，至今近 3 年盈利 59%，在金融危机的背景下相当可观。

巴菲特在 1988～1989 年重仓买入可口可乐，而且一直持有到现在。二十多年过去了，在巴菲特的普通股投资组合中，其持仓的可口可乐市值除了在 2006 年被美国运通超出，其他年份都位居第一。

巴菲特集中于两个时点买入可口可乐，经多次送股后，当前持股 2 亿股，是可口可乐最大单一股东，约占 8.6%。2010 年可口可乐的市盈率回归到 1983 年的水平(13 倍),形成一个闭口形状。如果以 1988～1998 这 10 年为投资周期,加上历年的现金分红,其间投资增值有 13 倍,对一个成熟公司而言,这一回报水平非常惊人。

2. 价值投资理论

价值投资理论最早可以追溯到 20 世纪 30 年代,由哥伦比亚大学的本杰明·格雷厄姆创立,经过沃伦·巴菲特的使用发扬光大,价值投资战略在 20 世纪 70～80 年代的美国受到推崇。

与价值投资法所对应的是趋势投资法,即投机。其重点是透过基本分析中的概念,例如高股息收益率、低市盈率和低股价与账面价值比率,去寻找并投资于一些股价被低估了的股票。

价值理论认为股票价格围绕"内在价值"上下波动,而内在价值可以用一定方法测定;股票价格长期来看有向"内在价值"回归的趋势;当股票价格低于内在价值时,就出现了投资机会。

价值投资有三大基本概念,也是价值投资的基石,即正确的态度、安全边际和内在价值。

价值投资理论的选股流程如图 6-1 所示。

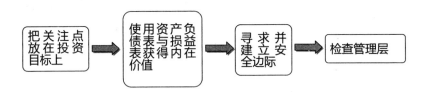

图 6-1 价值投资理论的选股流程

股票型基金因为必须考虑资金的安全,所以更偏向理性投资,远离那些垃圾股、题材股,更多关注绩优蓝筹股。而对于大多数投资者来说,最好的投资准则就是遵循常识:买绩优大盘股;不要把鸡蛋放在一个篮子里,尽量多买几只股;买入价格不能太高。

在学习和使用价值投资理论时，必须遵循一定的原则，具体内容如图 6-2 所示。

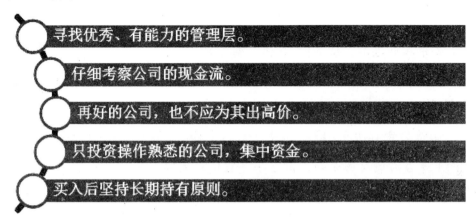

图 6-2　价值投资理论的原则

3. 价值投资案例

就中国股市而言，买绩优大盘股就是价值投资，相对而言价值投资有两大优势：一是投资的确定性，价值投资的确定性一般较高。因为，价值投资往往不是基于未来预测的数据，而是基于蓝筹股历史和现实的财务数据，使用这样的数据自然要比主观推断的数据可靠得多。

二是抗风险能力强。蓝筹股一般都是盈利能力稳定的大公司，它们的抗风险能力强，自然其股价抗风险能力也强

而在国外——价值投资的发源地，巴菲特把定量分析和定性分析有机地结合起来，形成了价值潜力投资法，把价值投资带进了另一个新阶段。巴菲特说："我现在要比 20 年前更愿意为好的行业和好的管理多支付一些钱。

本倾向于单独地看统计数据。而我越来越看重的是那些无形的东西"。巴菲特说："他的血液里是 85%的格雷厄姆，15%的费雪，但是没有费雪，我根本不会挣这么多钱"。

以巴菲特投资可口可乐为例，买入的核心介入时间点：1988H2—1989H1 重仓买入 18 700 万股（送股后），特征如下：

1.右侧交易。

2.介入市盈率，动态约 15 倍，静态约 17 倍。

3.处于股价 3 年（1986H2—1989H1）盘整的末期，这一期间业绩走的 V 形。

小幅加仓时间点：1994 上半年买入 1 300 万股（送股后），特征如下：

1.是否右侧交易未知，但下半年股价就大幅上扬。

2.介入市盈率，动态约 21 倍，静态约 25 倍。

3.处于股价 2.5 年（1992H1—1994H1）盘整的末期，期间业绩增长还不错。

图 6-3 所示为可口可乐 1983 年～2010 年的销售额与销售净利率的示意图。

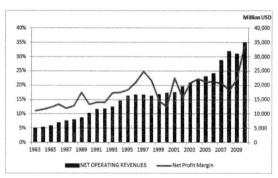

图 6-3　可口可乐 1983 年～2010 年销售额与销售净利率示意图

巴菲特 1988 年买入可口可乐股票 5.93 亿美元，1989 年大幅增持近一倍，总投资增至 10.24 亿美元。1991 年就升值到 37.43 亿美元，2 年涨了 2.66 倍，连巴菲特也大感意外。他在伯克希尔 1991 年年报中高兴地说："三年前当我们大笔买入可口可乐股票的时候，伯克希尔公司的净资产大约是 34 亿美元，但是现在光是我们持有可口可乐的股票市值就超过这个数字。"

1994 年继续增持，总投资达到 13 亿美元，此后持股一直稳定不变。

1997 年底巴菲特持有可口可乐股票市值上涨到 133 亿美元，10 年赚了 10 倍，仅仅一只股票就为巴菲特赚取了 100 亿美元，这是巴菲特最传奇最成功的股票投资案例。

而将巴菲特的成功经验灵活运用到中国市场中来，一样可以发现一些类似于可口可乐、沃尔玛一样的绩优白马股，例如东阿阿胶、云南白药、贵州茅台、张裕、双汇发展、苏宁电器这些大消费的股票，还包括美的集团、格力电器等，都是具有发展潜力的个股。

图 6-4 所示为云南白药（000538）从 2010 年～2013 年的 K 线图。从图中可以看到该股整体呈上涨趋势。

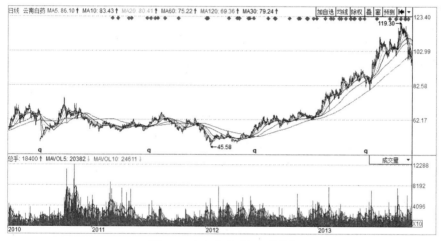

图 6-4　云南白药 K 线图

在 2010 年～2013 年这 4 年之间，云南白药的股价总计上涨 138% 左右。

云南白药在这 4 年之间每年都定期进行一定的分红派息，分别是 2010 年每 10 股转增 3 股，红利 2 元；2011 年每 10 股红利 1 元；2012 年每 10 股红利 1.6 元；2013 年每 10 股红利 4.5 元。

再观察同时期的大盘走势，就会发现云南白药该股的神奇所在。图 6-5 所示为上证指数（000001）2010 年～2013 年的 K 线图。

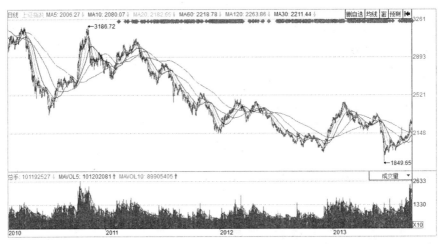

图 6-5　上证指数 K 线图

从图中可以看出，在 2010 年～2013 年这段时间内，上证指数整体呈现明显的下跌趋势，且最大跌幅度超过40%。

云南白药在这样的大盘背景之下，不仅没有下跌，而且涨幅达到138%，每年都有固定的分红。

进入 2014 年下半年，中国股市结束七年熊市，迎来新一轮牛市，那么云南白药这类优质成长股在牛市中的表现又如何呢？图 6-6 所示为云南白药 2014 年 10 月至 2015 年 7 月的 K 线图。

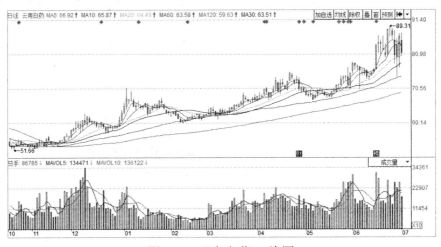

图 6-6　云南白药 K 线图

从图 6-6 中可以看出，云南白药在 2014 年 9 月至 2015 年 7 月这段时间的最低价为 51.66 元，最高价位 89.31 元，所以云南白药在这段时间内的最大涨幅达到 72%左右。

即使是在大牛市之中，这样的涨幅仍然能让投资者满意，毕竟相对于投资其他股票，云南白药所隐藏的风险更小，收益更为稳定，不用过于惧怕牛熊股市转换。

02
分析个股资料

基金投资者需要对股票型基金所持仓的个股资料进行详细分析，以保证这些公司不会存在经营不善、业绩地雷、股东违约等隐患。因为这些问题对上市公司的影响都是致命的，尤其是对股价的影响。

分析个股资料主要从其经营、财务、股东三大方面进行分析，下面对这三大方面进行详细讲解。

1. 经营分析

经营分析主要是针对上市公司的盈利模式以及产品服务、经营管理能力进行综合分析。

■ 盈利模式分析

盈利模式，又称为商业模式，是企业赚取利润的主要渠道表现，即该公司通过怎么样的方式来赚钱。

盈利模式分析主要用来解释公司的销售收入是通过什么方式产生的，同时需要支出哪些成本和费用。在任意的股票交易软件中都可以通过查看其个股资料进行了解。

如图 6-7 所示为上海梅林（600073）的公司资料示意图。

	公司名称：上海梅林正广和股份有限公司	所属地域：上海市
	英文名称：Shanghai Maling Aquarius Co.,Ltd	所属行业：食品饮料 — 食品加工制造
	曾用名：上海梅林->G梅林	公司网址：www.shanghaimaling.com
主营业务：食品制造和食品分销		
产品名称：罐头食品、奶糖、调味品、蜂蜜、生鲜猪肉、饮用水		
控股股东：上海益民食品一厂(集团)有限公司（持有上海梅林正广和股份有限公司股份比例：31.82%）		
实际控制人：上海市国有资产监督管理委员会（持有上海梅林正广和股份有限公司股份比例：19.37%）		
最终控制人：上海市国有资产监督管理委员会（持有上海梅林正广和股份有限公司股份比例：19.37%）		
董事长：马勇健	董秘：马勇健(代)	法人代表：马勇健
总经理：沈伟平	注册资金：93 772.95万元	员工人数：7993
电话：86-21-22257017	传真：86-21-22257015	邮编：200070
办公地址：上海市恒丰路601号		
公司简介：上海梅林正广和股份有限公司是一家主营罐头食品和畜禽屠宰等的食品公司,主要产品有肉类、蔬菜类、水产类、水果类、禽类、番茄沙司、辣酱油等.2010年,公司研发新产品63项,已上市产品18项,申请专利13项.上海梅林逐步发展成为集养殖、屠宰和罐头生产为一体的著名食品加工企业,并成为在国内食品市场占有相当的份额,在国际食品行业有一定知名度的品牌企业。		

图 6-7　上海梅林公司资料示意图

从上海梅林的公司资料可以看出，该公司属于食品饮料以及食品加工制造行业的公司，其产品定然属于快速消费品。通过公司简介可以看出，上海梅林主要经营罐头食品和畜禽屠宰，主要产品占据了多数的日常食品领域。

根据公司的描述，上海梅林公司在国内食品市场占有相当的份额，在国际食品行业也有一定的知名度。由此可见，该公司在同行业的竞争之中占据着优势，盈利基本不用担心。图 6-8 所示为银江股份（300020）公司资料示意图。

ENJOYOR	公司名称：银江股份有限公司	所属地域：浙江省
	英文名称：Enjoyor Co.,Ltd	所属行业：信息服务 — 计算机应用
	曾用名：-	公司网址：www.enjoyor.net
主营业务：智能化系统集成及服务、软件开发		
产品名称：智慧交通业务、智慧医疗业务、综合服务业务、智慧城市业务		
控股股东：银江科技集团有限公司（持有银江股份有限公司股份比例：27.81%）		
实际控制人：王辉、刘健（持有银江股份有限公司股份比例：13.90、2.34%）		
最终控制人：王辉、刘健（持有银江股份有限公司股份比例：13.90、2.34%）		
董事长：吴越	董秘：金振江	法人代表：章建强
总经理：章建强	注册资金：60 993.57万元	员工人数：1141

图 6-8　银江股份公司资料示意图

从图 6-8 中可以看出银江股份主要提供信息服务，属于计算机应用行业的公司。该公司主要从事交通、医疗、建筑等行业用户的智能化技术应用服务。

而市场中提供类似信息服务的公司不在少数，竞争激烈。且交通、医疗、建筑等行业的用户对于智能化技术应用服务的需求也并非刚需，需求的不稳定，市场竞争的激烈化，可以认为该公司的盈利模式受到较大的挑战。

■ 产品分析

对上市公司进行产品分析，主要是预测公司主要产品与服务的市场前景和盈利水平的趋势，可以帮助投资者更好的预测公司未来的盈利能力和成长性。

上市公司的产品或服务的竞争能力、市场占有率、品牌影响力的不同，对其盈利能力有较大的影响。

通常而言，一个上市公司的产品在成本、技术等方面具有相对优势，就更有可能取得高于行业平均盈利水平的超额利润。

市场占有率是检验公司实力的硬指标，市场占有率越高，公司实力越强大，其盈利水平也越稳定。品牌则是一个公司的对外形象，是产品性能、可靠性等方面的综合体现，品牌影响力是无形资产，但不同忽视。

图 6-9 所示为美的集团（000333）的主营业务构成分析示意图。

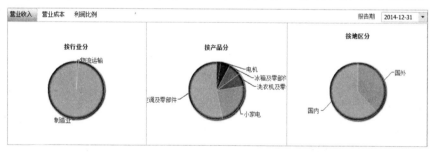

图 6-9　美的集团主营业务构成分析示意图

从图 6-9 中可以看出，美的集团在绝大多数主营收入都来自于制造业，按照产品分类，有超过 50% 的主营业务来自于空调及零部件的生产与销售，其他诸如小家电、洗衣机、冰箱等占比率较小。

由此可见，空调是美的集团的拳头产品，也是其营业收入的主要来源，我们可以对其进行更详细的分析。

图 6-10 所示为三级行业分类，即空调产品下的营业收入排名，从图中可以清楚地看到在营业收入方面，美的集团超过格力电器占据了空调行业的头把交椅。

图 6-10　空调行业营业收入排名

但营业收入只能说明空调销售的数量多，并不能代表其产品有更具优势的竞争力。

图 6-11 所示为空调行业的净利润分析示意图。

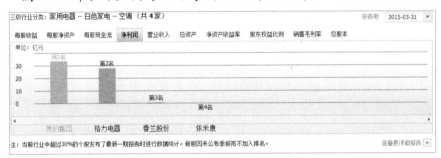

图 6-11　空调行业净利润排名

从图 6-11 中可以看出，在空调行业中，美的集团不仅营业收入排名第一，净利润也排名首位，表明其空调产品不仅销量好，也拥有独特的竞争优势，可以将成本控制得更低，净利润达到更高。

■ 经营管理能力分析

对公司的经营管理能力分析主要是对公司管理人员特别是一把手的素质分析和能力分析。

一定程度上，是否有卓越的企业管理人员和管理团队，直接决定着企业的经营成败。不同层次的管理人员所需要的能力构成也有所不同，在市场经济高速发展的条件下，企业面临的内外环境日益复杂，对公司管理人员的要求也不断提高。公司的管理风格和经营理念也尤为重要，经营理念往往是管理风格形成的前提。

公司的经营理念和管理风格可以分为稳健型和创新型两种。公司的管理风格和经营理念是对公司经营范围、成长方向、速度以及竞争对策等长期规划，直接关系着公司未来的发展和成长。

图 6-12 所示为中信银行（601998）的高管介绍示意图。

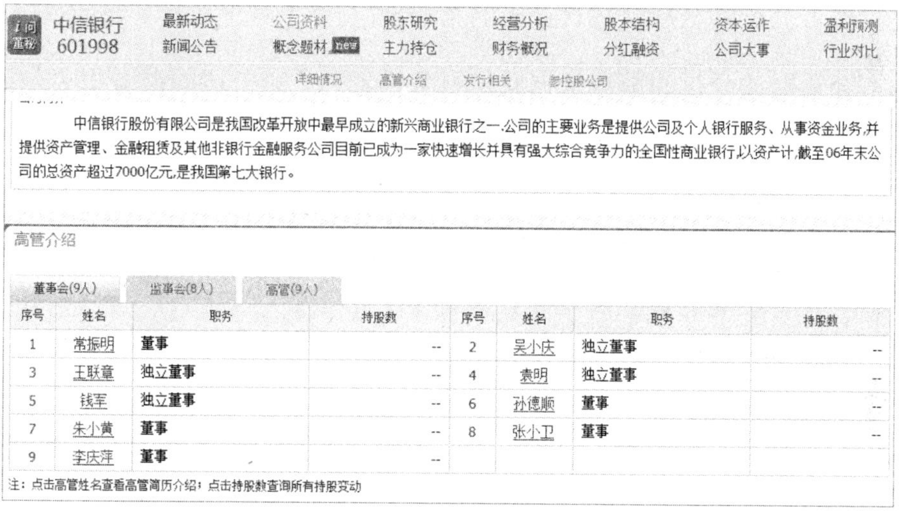

序号	姓名	职务	持股数	序号	姓名	职务	持股数
1	常振明	董事	--	2	吴小庆	独立董事	--
3	王联章	独立董事	--	4	袁明	独立董事	--
5	钱军	独立董事	--	6	孙德顺	董事	--
7	朱小黄	董事	--	8	张小卫	董事	--
9	李庆萍	董事	--				

注：点击高管姓名查看高管简历介绍；点击持股数查询所有持股变动

图 6-12　中信银行的高管介绍示意图

投资者若对董事会的组成人员不够熟悉，可以单击姓名进行更详细的了解，也可以单击“高管”选项卡，对中信银行的高管进行了解。图 6-13 所示为中信银行高管组成示意图。

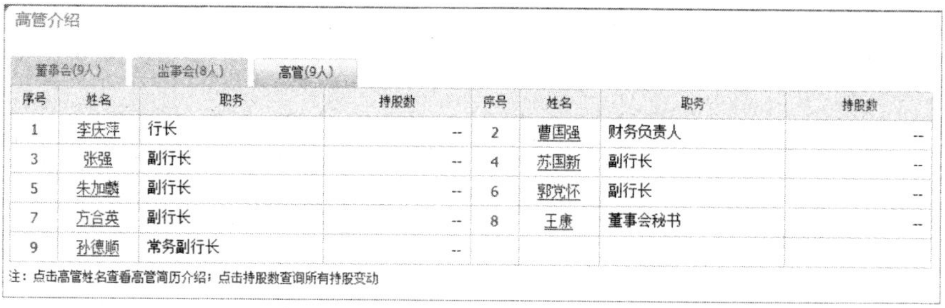

序号	姓名	职务	持股数	序号	姓名	职务	持股数
1	李庆萍	行长	--	2	曹国强	财务负责人	--
3	张强	副行长	--	4	苏国新	副行长	--
5	朱加麟	副行长	--	6	郭党怀	副行长	--
7	方合英	副行长	--	8	王康	董事会秘书	--
9	孙德顺	常务副行长	--				

注：点击高管姓名查看高管简历介绍；点击持股数查询所有持股变动

图 6-13　中信银行高管组成示意图

2. 财务分析

股票价格向其内在价值回归是未来股市发展的重要走向，投机将不再被市场容忍，股票的价格与公司的经营业绩联系越来越紧密，那么普通投资者应该如何分析上市公司的经营业绩？如何对股票品质的好坏进行判断？

阅读与分析上市公司的财务报表是最直截了当，也是最有效的手段，是投资者分析基金持股是否正确的第一步。

公司财务分析的基本依据就是财务报表。上市公司的财务报表是投资者了解公司，做出投资决策最全面、最可靠的第一手资料。

财务报表主要包括资产负债表、利润表和现金流量表。通过分析资产负债表可以了解公司的基本财务情况；分析利润表可以了解分析公司的盈利能力、盈利情况以及经验效率等；分析现金流量表，可以了解公司运营资金管理能力，偿债能力等。

■ 资产负债表

资产负债表反映了公司在某个特定时期内的财务状况。该依据是"资产=负债+股东权益"这个基本平衡公式进行编制而成的。其主要内容主要包括以下三方面。

- 公司在某一时间点所拥有的资产总额。
- 公司在某一时间点的负债总额。
- 股东权益。

图 6-14 所示为中海发展的资产负债表示意图。为了方便横向比较，在此将 2013 年 6 月 30 日至 2015 年 3 月 31 日这段时间内的所有报告期的数据罗列出来。

资产负债表	15-03-31	14-12-31	14-09-30	14-06-30	14-03-31	13-12-31	13-09-30	13-06-30
资产:货币资金(元)	25.7亿	30.6亿	26.6亿	35.1亿	16.6亿	19.2亿	18.8亿	22.8亿
应收账款(元)	15.4亿	15.1亿	17.0亿	17.5亿	17.1亿	16.0亿	13.6亿	13.3亿
其他应收款(元)	2.37亿	3.40亿	2.29亿	2.17亿	2.53亿	1.80亿	1.07亿	1.57亿
存货(元)	6.79亿	8.35亿	9.01亿	9.70亿	9.59亿	8.88亿	9.22亿	9.11亿
流动资产合计(元)	69.6亿	64.6亿	67.0亿	72.0亿	53.5亿	50.4亿	50.2亿	52.4亿
长期股权投资(元)	65.1亿	65.0亿	64.0亿	55.4亿	47.0亿	45.5亿	40.0亿	39.7亿
累计折旧(元)	--	18.5亿	--	9.16亿	--	16.5亿	--	8.01亿
固定资产(元)	443亿	454亿	455亿	455亿	452亿	439亿	428亿	414亿
无形资产(元)	1502万	1616万	1729万	1915万	2100万	2194万	1328万	1476万
资产总计(元)	664亿	658亿	657亿	639亿	609亿	588亿	574亿	571亿
负债:应付账款(元)	11.3亿	9.91亿	15.2亿	12.4亿	15.5亿	11.1亿	13.7亿	13.9亿
预收账款(元)	2.82亿	1.85亿	3.47亿	2.62亿	2.32亿	1.11亿	1.95亿	4655万
存货跌价准备(元)	--	--	--	--	--	--	--	--
流动负债合计(元)	83.8亿	136亿	98.2亿	159亿	113亿	111亿	66.7亿	64.8亿
长期负债合计(元)	313亿	295亿	338亿	259亿	273亿	255亿	276亿	273亿
负债合计(元)	397亿	431亿	436亿	418亿	386亿	366亿	342亿	338亿
权益:实收资本(或股本)(元)	40.3亿	34.8亿	34.0亿	34.0亿	34.0亿	34.0亿	34.0亿	34.0亿
资本公积金(元)	86.8亿	44.3亿	50.4亿	50.8亿	51.6亿	39.6亿	51.0亿	
盈余公积金(元)	28.8亿	28.8亿	28.8亿	28.8亿	28.8亿	28.8亿	28.8亿	28.8亿
股东权益合计(元)	267亿	226亿	221亿	221亿	223亿	222亿	231亿	234亿
流动比率	0.83	0.48	0.68	0.45	0.47	0.45	0.75	0.81

图 6-14　中海发展的资产负债表

● **货币资金**：反映企业库存现金、银行结算账户存款、外埠存款、银行回报存款等资金合计数。如果一个公司的现金储备快速下降而且长期保持低位，就很难实现发展，即便市场出现机会也难以把握。但公司的现金储备过多且长期保持在高位，也会影响公司的资金效率，影响公司未来的成长性。截至 2015 年 3 月 31 日，中海发展的货币资金达到 25.7 亿元。

● **应收账款**：是指企业在正常的经营过程中因销售商品、产品、提供劳务等业务，应向购买单位收取的款项，应收账款表示企业在销售过程中被购买单位所占用的资金。中海发展最新的应收账款为 15.4 亿元。

● **流动资产**：是指可以在 1 年内或超过 1 年的一个营业周期内可变现或者运用的资产，包括现金及各种存款、存货、应收及预付款项等。中海发展最新的流动资产合计 69.6 亿元。

● **资产总计**：是指流动资产合计数+长期投资净额+固定资产合计数+无形资产及其他资产合计数+递延税款借项综合。中海发展在 2015 年 3 月 31 日的资产总计 664 亿元。

● **流动负债**：指可以在 1 年内或超过 1 年的一个营业周期内偿还的债务。流动负债中最主要的是银行短期借款，借款的目的是用于补充营运资金，只可用于短期用途。中海发展截至 2015 年 3 月 31 日的流动负债总计 83.8 亿元。

■ 利润表

利润表是反映公司在一定时期内经营成果的动态报表。它是依据"收入-费用=利润"的平衡公式进行编制的。

利润表主要包括销售收入、销售成本、销售毛利、营业外收入及支出、税前及税后盈利等数据。

通过利润表可以考核公司收益计划完成情况，分析收益增减变化的原因，预测企业收益的发展趋势。

图 6-15 所示为中海发展的利润表示意图。

利润表	15-03-31	14-12-31	14-09-30	14-06-30	14-03-31	13-12-31	13-09-30	13-06-30
营业收入(元)	29.2亿	123亿	94.7亿	63.2亿	31.9亿	114亿	81.7亿	52.5亿
营业成本(元)	24.6亿	110亿	84.0亿	54.7亿	28.0亿	113亿	83.1亿	54.7亿
销售费用(元)	1467万	5747万	3832万	2273万	1133万	4931万	3286万	2024万
财务费用(元)	2.72亿	11.9亿	9.01亿	5.56亿	2.77亿	10.6亿	7.04亿	4.84亿
管理费用(元)	8789万	4.28亿	2.94亿	1.83亿	9193万	4.65亿	2.79亿	1.72亿
资产减值损失(元)	--	451万	--	--	--	4.22亿	--	--
投资收益(元)	292万	2.98亿	1.97亿	1.15亿	5623万	1.17亿	-347万	-3421万
营业利润(元)	9379万	-6339万	2857万	1.93亿	6778万	-17.3亿	-11.6亿	-9.42亿
利润总额(元)	1.28亿	3.24亿	1.67亿	1.11亿	7283万	-22.9亿	-11.6亿	-9.49亿
所得税(元)	4967万	-7983万	2492万	3465万	744万	-1190万	1358万	535万
归属母公司所有者净利润(元)	6595万	3.11亿	8529万	4260万	6193万	-23.0亿	-12.0亿	-9.49亿

图 6-15　中海发展的利润表示意图

● **营业收入**：是指公司的主要经营业务所取得的收入。只有在利润占 70% 以上的业务才能称为主营业务。营业收入的增长是体现公司市场竞争力和市场份额不断提高的标志。中海发展最新的营业收入为 29.2 亿元

● **营业成本**：反映公司以销售产品和提供劳务等主要经营业务的实际成本。中海发展当前的营业成本为 24.5 亿元。

营业利润、管理费用和财务费用是投资者衡量公司内部运营效率高低需要重点研究的数据，通常用占主营业务收入的比重进行衡量，如果三项费用占主营业务比重下降或低于同行业，说明该公司在内部管理效率上具有优势。

● **管理费用**：反映公司发生的应由主营业务负担的各项管理费用。

● **财务费用**：反映公司发生的应由主营业务负担的一般性财务费用，主要包括利息支出、汇兑损失以及金融机构手续费用等。

● **营业利润**：是主营业务利润和其他业务利润之和。

■ 现金流量表

图 6-16 所示为中海发展的现金流量表示意图。

现金流量表	15-03-31	14-12-31	14-09-30	14-06-30	14-03-31	13-12-31	13-09-30	13-06-30
经营:销售商品、提供劳务收到的现金(元)	25.8亿	129亿	93.7亿	64.0亿	31.9亿	115亿	83.6亿	55.8亿
收到的税费返还(元)	1688万	2.75亿	2.36亿	1.57亿	2035万	2.02亿	4356万	4168万
收到其他与经营活动有关的现金(元)	2.84亿	8.89亿	3.61亿	4.40亿	1.87亿	8.81亿	2.03亿	2.65亿
经营活动现金流入小计(元)	28.8亿	141亿	99.7亿	69.9亿	34.0亿	126亿	86.0亿	58.9亿
购买商品、接受劳务支付的现金(元)	12.3亿	84.4亿	63.2亿	43.2亿	18.0亿	87.4亿	60.1亿	41.2亿
支付给职工以及为职工支付的现金(元)	3.92亿	18.3亿	12.3亿	8.75亿	4.45亿	18.6亿	12.4亿	8.09亿
支付的各项税费(元)	5045万	1.29亿	9469万	7495万	6024万	6510万	3713万	3055万
支付其他与经营活动有关的现金(元)	3.84亿	3.94亿	4.54亿	2.27亿	5.79亿	3.64亿	5.21亿	2.31亿
经营活动现金流出小计(元)	20.5亿	108亿	81.0亿	55.0亿	28.9亿	110亿	78.2亿	51.9亿
经营活动产生的现金流量净额(元)	8.29亿	32.9亿	18.7亿	15.0亿	5.08亿	16.5亿	7.90亿	7.00亿
投资:取得投资收益所收到的现金(元)	--	1966万	9140万	1966万	--	2228万	1860万	1860万
处置资产、无形资产和其他长期…	3.10亿	3.73亿	3.51亿	2.86亿	1.62亿	2.44亿	1.16亿	1.15亿
投资活动现金流入小计(元)	3.10亿	5.32亿	4.63亿	3.26亿	1.62亿	4.78亿	1.72亿	1.69亿
购建固定资产、无形资产和其他长期…	9.52亿	67.3亿	45.5亿	43.3亿	17.5亿	38.6亿	19.3亿	14.4亿
处置固定资产、无形资产和其他长期…	3.10亿	3.73亿	3.51亿	2.86亿	1.62亿	2.44亿	1.16亿	1.13亿
投资支付的现金(元)	6665万	22.8亿	17.7亿	9.24亿	1.01亿	7.56亿	1.87亿	1.80亿
投资活动现金流出小计(元)	10.2亿	97.5亿	63.8亿	53.1亿	18.5亿	46.2亿	21.2亿	16.2亿
投资活动产生的现金流量净额(元)	-7.08亿	-92.1亿	-59.2亿	-49.9亿	-16.9亿	-41.4亿	-19.4亿	-14.5亿
筹资:吸收投资收到的现金(元)	--	--	--	--	--	1471万	7465	7465
取得借款收到的现金(元)	30.8亿	232亿	171亿	102亿	35.5亿	94.6亿	57.8亿	34.8亿
筹资活动现金流入小计(元)	31.8亿	232亿	171亿	102亿	35.5亿	94.6亿	57.8亿	34.8亿
偿还债务支付的现金(元)	36.2亿	164亿	114亿	46.5亿	24.0亿	71.6亿	53.1亿	33.1亿
分配股利、利润或偿付利息支付的现…	1.71亿	12.7亿	8.50亿	3.95亿	2.31亿	9.94亿	6.90亿	3.53亿
筹资活动现金流出小计(元)	38.0亿	168亿	124亿	50.8亿	26.3亿	82.4亿	60.0亿	37.0亿
筹资活动产生的现金流量净额(元)	-6.19亿	64.4亿	47.8亿	50.7亿	9.18亿	12.4亿	-2.18亿	-2.25亿

图 6-16 中海发展的现金流量示意图

现金流量表是以现金及现金等价物为基础编制的，反映公司财务状态变动以及主要原因的财务报表。

现金流量表提供公司在年度内有关现金收支的资料，帮助投资者分析公司的生存能力、发展能力和适应市场变化能力。

现金流量表所致的现金是广义的概念，主要指库存现金、银行存款、其他货币资金以及短期证券投资。

投资者在分析现金流量表时，可以分析公司现金流入及流出结构，现金收支是否平衡。另一方面可以通过计算有关的财务比率，将现金流量表与其他财务报表提供的资料进行结合分析。

与现金流量表有关的财务比率主要有现金流量与当期债务之比、现金流量与债务总额之比和每股现金流量等。图 6-17 所示为现金流量表的具体应用。

现金净流量变化	现金流量表反映了公司现金及现金等价物的变动。如果公司本期的现金净流量增加，说明该公司的短期偿债能力增强，财务状况得到改善。
现金流入量结构	现金流入量的结构与公司的长期稳定息息相关。通过比较现金流入量中分别由经营活动、投资活动和筹资活动提供的现金比例，可以了解公司的现金是从哪里来的。经营活动提供现金比例越大，公司未来发展越稳定。
投筹资活动的变化	投资活动与筹资活动产生的现金流量与公司未来的发展紧密相关。如果一个公司对内投资的现金大幅增加，意味着公司面临新的发展机遇；如果公司对外投资的现金增加，则说明公司的正常经营活动没有充分消化现有资金。

图 6-17　现金流量表的应用

■ 财务分析的主要内容

财务分析主要从收益性分析、安全性分析、成长性分析、周转性分析这 4 个方面。

具体内容如图 6-18 所示。

收益性分析
是对公司获利能力的分析，当前投入的资本运用过程，获利情况，是衡量公司有无获利、经济效益高低的标准，也是投资者选择公司股票的主要依据。因为公司利润的多少决定了股息的多少。

安全性分析
是对公司偿债能力的分析，投资者在追求收益的同时也会考虑风险。即使公司当前的盈利能力强，但资金结构不合理，偿债能力差，同样会潜藏着巨大的风险。因此投资者会特别关注公司流动性状况及资本结构。

成长性分析
是对公司扩大经营能力的分析，投资者在关注公司当前的效益之外，也看重公司未来的发展前景。公司将大部分盈利转化为投资导致当前股息少，但成长速度快，股价也会快速上涨。

周转性分析

是对公司经营效率的分析，通过分析财务报表中各项资金和资产周转速度的快慢来分析周转性。资金周转速度快，说明资金利用效率高。

图 6-18　财务分析的主要内容

在进行财务四大内容的分析时，将不仅仅停留在财务报表现有的数据上，而是通过计算各种比率，来达到更为直观更有效的财务分析目的。

财务比率分析是将两个有关的数据进行运算，用所得的财务比率来反映财务报表中不同项目之间的逻辑关系的一种分析技巧。运用财务比率进行各种维度的比较分析，有助于投资者正确评估企业的经营业绩和财务状况，便于调整投资结构和投资决策。

财务比率分析与财务分析的四大内容一一对应，分别是收益性比率、安全性比率、成长性比率、周转性比率。

其中收益性比率主要有资产报酬率、每股收益、每股净值、市盈率等，具体内容如下。

● **资产报酬率**：又称为投资盈利率，是企业资产总额中平均每百元所能获得的纯利润。主要用以衡量公司运用所有投资资源最终所获得的经营成效。

● **每股收益**：是指扣除优先股股息后的税后利润与普通股股数的比率。是衡量股票投资价值的重要指标之一，每股收益越多，则股票投资价值越高。

● **每股净值**：又称为每股账面价值或每股净资产额，是股东权益与股本总数的比率。通常而言，股票市价高于其资产净值，而每股资产净值又高于其面额。每股净资产的数额越高，表明公司的内部积累越深厚。因此那些净资产较高而市价不高的股票，具有不错的投资机会。

● **市盈率**：是每股市价与普通每股净收益的比值。通常经营前景良好的公司股票市盈率趋于升高，而经营前景黯淡的公司，其股票市盈率总会处于较低水平。市盈率是被投资者广泛用于评估公司股票价值的一个重要指标。

安全性比率主要有流动比率、速动比率、其具体内容如下。

- **流动比率**：是衡量公司短期偿债能力最通用的指标，是流动资产与流动负债的比值。通过流动比率，可以知道公司 1 元的短期负债，能有几元流动资产可做清偿保证。流通比率越大，表明公司的短期偿债能力越强。财务正常的企业，流动比率不得低于 1 : 1，通常认为 2 : 1 是最为科学合理的。

- **速动比率**：是速动资产与流动负债的比率。它是衡量公司到期清算能力的指标。通过速动比率，可以知道企业在极短时间内偿付短期债务的能力。通常认为速动比率最低限为 0.5 : 1，保持在 1 : 1，则能保证流动负债的安全性。

成长性比率是财务比率分析中的重要比率之一，它反映出公司的扩展经营能力，主要指标有总资产增长率、净利润增长率、利润留存率这三大指标。

- **总资产增长率**：是指期末总资产减去期初总资产之差除以期初总资产的比值，处于扩张时期公司的基本表现就是总资产增长率的不断扩大，而处于生命周期末期的公司则表现为总资产增长率的萎缩甚至负增长。

- **净利润增长率**：本年净利润减去上年净利润之差再除以上期净利润的比值。净利润是公司经营业绩的最终结果。净利润的连续增长是公司成长性的基本特征，如其增幅较大，表明公司经营业绩突出，市场竞争能力强。

- **利润留存率**：是指公司税后盈利减去应发现金股利的差额和税后利润的比率。表示公司的税后利润有多少用于发放股利，又有多少用于留存收益和扩展经营。利润留存率越高，则表明公司发展的后劲越强。

常用的周转性比率有应收账款周转率、存货周转率、资产周转率等，具体内容下。

- **应收账款周转率**：是指销售收入与应收账款之间的比率。应收账款的周转率越高，每周转一次所需要的周期越短，表明公司收涨越快。不同行业的企业，应收账款周转率因行业特性而不同，存在较大的差异。

- **存货周转率**：是指销售成本与商品存货之间的比率。周转率越高，说明存货周转速度越快，说明公司对存货的利用率越高，存货积压也少，经营管理效率也越高。

- **资产周转率**：是指销售收入与资产总额之间的比率。是用以衡量公司总资产是否得到充分利用的指标。该指标反映资产总额的周转速度，周转越快，企业资产的利用效果越好，企业的偿债能力和盈利能力也让人放心。

随着股票市场的发展，为了方便投资者进行投资决策，市面上多数的股票交易软件都会将大部分财务比率计算出来，供投资者进行查看与分析。

图 6-19 所示为中国建筑（601668）的相关信息示意图。

图 6-19　中国建筑的相关信息示意图

从图 6-19 中可以看出，投资者可以得到市盈率、市净率、每股收益、净利润、每股净资产等重要指标数据。这些数据以及能够满足多数投资者对企业的财务比率分析。

当然投资者还可以进行更为详细的财务分析，如图6-20所示为中国建筑主要财务指标示意图。

科目\年度	2015-03-31	2014-12-31	2014-09-30	2014-06-30	2014-03-31	2013-12-31
基本每股收益(元)	0.19	0.75	0.57	0.40	0.15	0.68
净利润(万元)	562 483.70	2 256 996.70	1 690 184.00	1 181 539.40	462 592.50	2 039 851.20
净利润同比增长率(%)	21.59	10.65	25.95	34.43	29.62	29.64
营业总收入(万元)	19 376 729.90	80 002 875.30	56 604 737.30	37 494 094.40	16 394 607.00	68 179 242.40
营业总收入同比增长率(%)	18.19	17.34	17.84	24.18	29.41	19.17
每股净资产(元)	5.31	4.63	4.42	4.18	4.08	3.93
净资产收益率(%)	3.97	17.70	13.60	9.60	3.85	18.60
净资产收益率-摊薄(%)	3.53	16.24	12.73	9.41	3.78	17.28
资产负债比率(%)	76.62	78.58	79.89	79.52	78.67	79.00
每股资本公积金(元)	0.96	0.96	0.97	0.96	0.96	0.98
每股未分配利润(元)	2.65	2.46	2.29	2.12	2.03	1.87
每股经营现金流(元)	-1.65	0.83	-1.48	-1.09	-1.26	0.09
销售毛利率(%)	11.25	12.58	11.39	12.36	11.25	11.87
存货周转率	0.47	2.09	1.41	0.96	0.43	2.08

图6-20　中国建筑主要财务指标示意图

从图6-20中可以看出，投资者可以详细的看到中国建筑一段时间以来的净利润及增长率、营业总收入及增长率、每股净资产、净资产收益率、资产负债比率、存货周转率等多种财务指标。

通过这些数据，投资者可以进行横向或纵向的多维度比较，对中国建筑进行综合分析，从而做出投资决策。

A公司2014年初资产总额为32 808万元，2014年末资产总额为46 976元，则其平均资产总额为（32 808+46 976）÷2=39 892万元，税后利润为2 678万元，则其资产报酬率=2 678÷39 892=6.71%，表明A公司每投入100元资产，就能获得收益6.71元。

B上市公司3月送股转增股数为7 363万股，到12月底计算每股收益，3月份距12月份共计9个月，所以送股转增股的加权股本应该为7 363×9÷12=5 522万股，如果公司原有股本为9 203万股，那么到12月底公司的加权总股本为9 203+5 522=14 725万股。税后利润减去优先股股息等于2 678万元。

因此每股收益为2 678÷14 725=0.18元。

某企业普通股每股市价为10元，每股获利为0.4元，则市盈率即为

10÷0.4=25，表示该股票的市价是每股税后利润的 25 倍，其倒数为 4%，表示投资于该股票的投资报酬率为 4%。

3. 股东研究

很多投资者可能不明白，投资股票为什么要去研究公司的股东？其实股东研究主要是分析公司的股东人数以及前十大流通股东。通过分析可以得到投资者需要的信息，帮助投资者分析企业的投资价值以及投资前景。

■ 股东人数

股东人数是指当前市场中持有企业流通股的总人数。通常情况下股东人数与股票价格成反比，股东人数越少，股价可能会不断上涨。

投资者同样可以在股票交易软件中，查看某公司一段时间以来的股东人数变换情况，从而帮助预测股价走势。

图 6-21 所示为中国医药（600056）从 2014 年 3 月 31 日至 2015 年 3 月 31 日的股东人数变化情况。

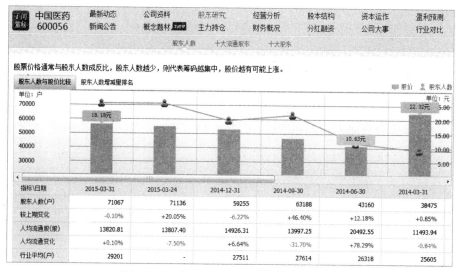

图 6-21 中国医药股东人数变化情况

从2014年3月31日～6月30日可以明显地看出，当中国医药的股东人数为38475个人时，股价为22.32元，当股东人数上涨至43 160个人时，股价跌至10.63元。

股东人数不仅仅可以横向与本企业不同周期比较，还可以与同行业进行比较，即参照行业平均进行分析。

从图中可以看出从始至终中国医药的股东人数都比行业平均高出很多，由此也表明该公司受到了市场中多数投资者的青睐，纷纷选择买入持有。

■ 前十大流通股东

一个企业的前十大流通股东持有着大部分该企业的流通股，所以这些股东的身份会对企业造成不可忽视的影响。

前十大流通股东因其持有的股份比例大，因此都是拥有强大经济实力的机构或个人。主要有社保基金、基金公司旗下的股票型基金、非银金融机构，投资者个人等。

图6-22所示为海信电器（600060）截至2015年3月31日的前十大流通股东示意图。

导读 海信电器 600060 | 最新动态 新闻公告 | 公司资料 概念题材 new | 股东研究 主力持仓 | 经营分析 财务概况 | 股本结构 分红融资 | 资本运作 公司大事 | 盈利预测 行业对比

股东人数 十大流通股东 十大股东

2015-03-31 2014-12-31 2014-09-30 2014-06-30 2014-03-31

前十大流通股东累计持有：75862.24万股，累计占流通股比：57.98%，较上期变化：9245.56万股 ↑

机构或基金名称	持有数量(万股)	占流通股比例(%)	增减情况(万股)	股份类型	历史持股
海信集团有限公司	51522.13	39.38	↓ -1301.97	流通A股	点击查看
青岛海信电子产业控股股份有限公司	7314.26	5.59	不变	流通A股	点击查看
孟国兴	3485.47	2.66	新进	流通A股	点击查看
鹏华资产-中信证券-鹏华资产原点3号资产管理计划	2480.00	1.90	新进	流通A股	点击查看
鹏华资产-中信证券-鹏华资产原点5号资产管理计划	2345.69	1.79	新进	流通A股	点击查看
中欧基金-招商银行-中欧增值资产管理计划	2300.35	1.76	↑ 199.98	流通A股	点击查看
中国建设银行-华宝兴业行业精选股票型证券投资基金	1817.63	1.39	↑ 1369.62	流通A股	点击查看
中信证券股份有限公司	1669.79	1.28	新进	流通A股	点击查看
全国社保基金一零九组合	1614.91	1.23	新进	流通A股	点击查看
全国社保基金一一八组合	1312.01	1.00	新进	流通A股	点击查看

图6-22 海信电器前十大流通股东示意图

不同的股东持有股份的目的不同，对股价也会造成不同的影响。例如社保基金抱着获得稳定收益的目的持有股份，而股票型基金则可能抱着获得超额收益的目的买入股票。

从图 6-22 中可以看出在 2015 年 3 月 31 日之前，不少的基金公司，证券公司以及社保基金都在对海信电器进行买入持有，在增减情况上显示为新进。

由此也说明了市场中的权威机构对海信电器发展前景的看好。我们可以观察海信电器股价走势来验证这些权威机构的眼光是否是正确的。

图 6-23 所示为海信电器 2015 年 1 月～6 月的 K 线图。

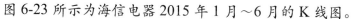

图 6-23　海信电器 K 线图

从图中可以看出，海信电器的股价在 3 月 31 日之后迎来了良好的上涨走势，股价从 23 元上涨至最高 37 元，涨幅达到 60%。由此也证明了证券公司、社保基金等机构的眼光是无比正确的。

投资者不仅可以分析企业最新的十大流通股东，还可以将其与上一个报告期对比，观察上个报告期退出的前十大流通股东。

图 6-24 所示为海信电器十大流通股东变动示意图。

青岛海信电子产业控股股份有限公司	7314.26	5.59	不变	流通A股	点击查看
孟国兴	3485.47	2.66	新进	流通A股	点击查看
鹏华资产-中信证券-鹏华资产原点3号资产管理计划	2480.00	1.90	新进	流通A股	点击查看
鹏华资产-中信证券-鹏华资产原点5号资产管理计划	2345.69	1.79	新进	流通A股	点击查看
中欧基金-招商银行-中欧增值资产管理计划	2300.35	1.76	↑ 199.98	流通A股	点击查看
中国建设银行-华宝兴业行业精选股票型证券投资基金	1817.63	1.39	↑ 1369.62	流通A股	点击查看
中信证券股份有限公司	1669.79	1.28	新进	流通A股	点击查看
全国社保基金一零九组合	1614.91	1.23	新进	流通A股	点击查看
全国社保基金一一八组合	1312.01	1.00	新进	流通A股	点击查看
较上个报告期退出前十大流通股东有					
宏源证券股份有限公司	901.61	0.69	退出		
徐新	762.75	0.58	退出		
同德证券投资基金	727.63	0.56	退出		
全国社保基金四一八组合	556.00	0.42	退出		
中国工商银行-诺安股票证券投资基金	526.91	0.40	退出		
王一超	455.04	0.35	退出		

图 6-24　海信电器十大流通股东示意图

从图 6-24 中可以看出，在上个报告期内退出了由证券公司，股票型基金以及社保基金，但其退出的比例都在 1%以下，与当前新进的流通股东最低1%的持股比例相比，退出的股东占比率相对小很多。

下面以光线传媒（300251）为例，进行一次完整的经营分析、财务分析与股东研究。

如图 6-25 所示为光线传媒的公司资料，从图中可以看出光线传媒的主营业务是栏目制作与广告、演艺活动、影视剧的投资与发行。主要产品有电影、栏目制作与广告、电视剧、动漫游戏等。

	公司名称：北京光线传媒股份有限公司		所属地域：北京市
光线传媒	英文名称：Beijing Enlight Media Co., Ltd.		所属行业：信息服务 — 传媒
	曾用名：-		公司网址：www.ewang.com
主营业务：栏目制作与广告、演艺活动、影视剧的投资及发行业务。			
产品名称：电影、栏目制作与广告、电视剧、动漫游戏			
控股股东：上海光线投资控股有限公司（持有北京光线传媒股份有限公司股份比例：50.03%）			
实际控制人：王长田（持有北京光线传媒股份有限公司股份比例：47.53%）			
最终控制人：王长田（持有北京光线传媒股份有限公司股份比例：47.53%）			
董事长：王长田	董　秘：王牮		法人代表：王长田
总经理：王长田	注册资金：146680.42万元		员工人数：541
电　话：86-10-64516451	传　真：86-10-64516488		邮　编：100013
办公地址：北京市东城区和平里东街11号院3号楼3层			
公司简介： 　　北京光线传媒股份有限公司是一家以电视节目和影视剧的投资制作和发行业务为主营业务的公司.其主要以电视栏目、演艺活动和影视剧是公司的三大传媒内容为产品.公司是国内最大的民营电视节目制作和运营商之一.2009年的中国北京国际文化创意产业博览会上,公司被评为"2009年中国文化创意产业十大领军企业".			

图 6-25　光线传媒的公司资料

如图 6-26 所示为光线传媒营业收入的构成示意图。可以看到光线传媒营业收入的主要来源是电影，其次是栏目制作与广告。随着经济的发展，居民生活水平的提高，近年来国内的电影市场发展迅速，需求也不断增加，所以电影市场仍然是一个朝阳产业，发展前景一片大好。

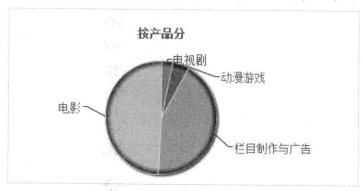

图 6-26 光线传媒营业收入的构成示意图

而光线传媒是国内知名的电影制作公司，拥有良好的知名度和声誉。且光线传媒的主营业务清晰，企业发展良好。在经营分析来看，没有什么明显的问题存在。

图 6-27 所示为光线传媒的财务指标示意图，从图中可以看出截至 2015 年 3 月 31 日，光线传媒的净利润仅为 474.43 万元，出现异常。通过查询资料，公司做出的解释为"公司去年同期无银行借款，而 2015 年第一季度借款较多，财务费用大幅增加，以及已上映的影片公司参股投资比例较小，毛利较上年同期减少。

科目\年度	2015-03-31	2014-12-31	2014-09-30	2014-06-30	2014-03-31	2013-12-31
⊘基本每股收益(元)	0.00	0.33	0.19	0.10	0.05	0.65
净利润(万元)	474.43	32,932.50	19,659.72	10,244.69	2,744.85	32,794.36
净利润同比增长率(%)	-82.72	0.42	-17.60	-40.73	-66.64	5.71
营业总收入(万元)	17,965.11	121,807.16	64,435.30	30,103.03	12,845.40	90,417.18
营业总收入同比增长率(%)	39.86	34.72	-6.63	-35.66	-39.30	-12.54
每股净资产(元)	5.63	3.12	2.91	2.24	4.44	4.38
净资产收益率(%)	0.15	13.08	8.54	4.51	1.23	15.70
净资产收益率-摊薄(%)	0.07	10.41	6.67	4.51	1.22	14.78
资产负债比率(%)	19.11	34.85	34.78	18.77	20.17	14.33
每股资本公积金(元)	2.81	0.49	1.06	0.49	1.98	1.98
每股未分配利润(元)	0.80	0.89	0.79	0.69	1.34	1.29
每股经营现金流(元)	-0.03	-0.08	-0.23	0.01	-0.07	1.49
销售毛利率(%)	19.50	39.32	45.45	48.77	39.34	46.29
存货周转率	0.31	2.30	1.21	0.75	0.40	3.05

图 6-27 光线传媒财务指标示意图

由于影视项目和电视栏目全年分布不均，第一季度项目较少，预计全年还有超过十部重点影片和节目将在以后陆续上映及播出。此外，非公开发行股票的募集资金已经到账，全年财务费用也将大幅降低。预计公司全年业绩将全面好转，预计较去年会有稳定的增长。"

官方在做出解释的情况下，投资者可以不用过多怀疑。同期的营业总收入达 17 965.11 万元，同比增长率达 39.86%。由此可见，光线传媒的主营业务并未出现问题。

每股净资产有较大的增长，资产负债比率仅为 19.11%，处于较低的水平。其他财务指标也都处于合理的范围之内，因为在财务分析中除了净利润的问题之外，光线传媒多数处于健康合理中。

图 6-28 所示为光线传媒股东人数变化示意图，从图中可以看出，随着企业的发展，买入持有光线传媒的投资者不断增加，且股价在股东人数不断增加的情况下，并未出现明显的下跌，由此可见公司的发展步伐与市场投资者需求实现同步发展。

图 6-28　光线传媒股东人数变化示意图

虽然股东人数不断的增加，对股价的发展有着不利的影响。但 2014 年以来，股票市场处于牛市之中，新入市的投资者络绎不绝，所以个股的股东人数增加是情理之中。投资者在进行任何分析时都应视具体情况具体分析，不能一概而论。

图 6-29 所示为光线传媒十大流通股东示意图。在图中很异常的情况是，前十大流通股东累计持有占流通股比率为 121.38%，这是由于上海

光线投资控股公司在报告期内增持 1 651.52 万股的流通股与受限流通股，其持股占流通股比率达到 103.24%。

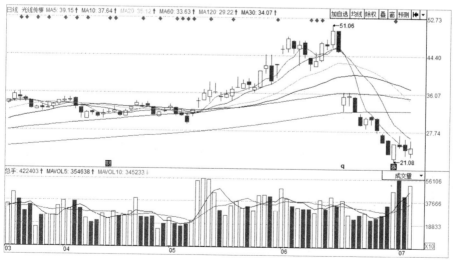

图 6-29   光线传媒十大流通股东示意图

由此可见，市场中的大型投资机构并不倾向投资于这类创业板的传媒股，反而是个人投资者更为偏好投资于这类发展前景好，风险偏大的企业。

图 6-30 所示为光线传媒 2015 年 3 月～7 月的 K 线图。观察光线传媒的走势可以发现，在股东人数不断增加，经营管理正常运行的情况下，股价在 3 月～6 月处于良好的上涨走势中。

图 6-30   光线传媒 K 线图

6月底至7月初，光线传媒进行了10股转3股，每股红利1元的除权活动。而后大盘行情急转直下，光线传媒也深受影响，股价在除权后不断下跌。

光线传媒的走势也显示出，发展前景好但规模较小，业绩不稳定的企业存在更大的风险，股价呈现出更大的波动幅度。所以投资者如果在股票型基金持仓中看见这类股票，应该根据自身喜好进行综合判断后再选择是否购入基金。

Fund
—— 手把手教你学基金投资 ——

第 7 章
基金持仓
个股的技术分析

技术分析是股票分析中的支柱，是使用者最多，成功率最高的分析方法。在技术分析中，趋势理论、形态理论以及波浪理论是影响最为深远的三类，本章将重点介绍这三类经典技术理论并对基本面分析个股做简单讲述。

01
经典
技术分析理论

所谓的技术分析理论，是应用金融市场最简单的供求关系，观察其变化规律，寻找、摸索出一套分析市场走势、预测市场未来趋势的金融市场分析方法。

1. 利用趋势理论分析个股

趋势是指股价的波动方向，也代表着市场的发展方向。在实际情况中，趋势不会单一的上升或下降，而是有很多的曲折和反复，通过每个波段的高点或低点，就可以看出趋势的方向。

股价变动趋势按照时间长短可划分为主要趋势、次要趋势和短期趋势。几个短期趋势形成次要趋势，几个次要趋势又会形成主要趋势。

主要趋势走到尽头，股价无法再朝同方向变动，只能发生反转，开始朝反方向的长期变动趋势发展。

- **主要趋势**：即大部分股票的股价随股市上升或下降的变动趋势。通常，这种趋势持续的时间为一年以上，股价变动幅度超过20%。

- **中期趋势**：也称次级趋势，因为次级趋势经常与基本趋势的运动方向相反，并对其产生一定的牵制作用，因而也称为股价的修正趋势。这种趋势持续的时间从3周至数月不等。

- **短期趋势**：为股价短暂的波动，其波动时间很少超过3个星期，一般少于6天。通常情况下，3个短期趋势即可以组成一个中期趋势。

趋势理论是根据道氏理论衍化而来的，道氏理论的创始者是查尔斯·道，后来又经过威廉姆·皮特·汉密尔顿和罗伯特·雷亚的继承和发展，加以组织与归纳而成为今天我们熟知的道氏理论。

趋势理论是反映市场总体趋势的晴雨表，它是根据价格模式的研究，推测未来价格行为的一种方法。

对于股票型基金持仓的个股而言，基金经理一定是看好个股的中长期走势，才会选择买入。而判断股价的长期趋势正是趋势理论的强项所在，需要投资者耐心学习。图 7-1 所示为道氏理论的五大定理。

任何市场都有三种趋势

短期趋势——持续数天至数个星期。
中期趋势（次要趋势）——持续数个星期至数个月。
长期趋势（主要趋势）——持续数个月至数年。

主要走势代表整体的基本趋势

主要走势代表整体的基本趋势，通常称为多头或空头市场，持续时间可能在一年以内，乃至于数年之久，正确判断主要走势的方向，是投资行为成功与否的最重要因素。

主要的空头市场

主要的空头市场是长期向下的走势，其间夹杂着重要的反弹，它来自于各种不利的经济因素。

主要的多头市场

主要的多头市场是一种整体性的上涨走势，其中夹杂次级的折返走势，平均的持续期间长于两年。

次级折返走势

次级折返走势是多头市场中重要的下跌走势，或空头市场中重要的上涨走势，持续的时间通常在三个星期至数个月，此期间内折返的幅度为前一次级折返走势结束之后主要走势幅度的 33%～66%，次级折返走势经常被误以为是主要走势的改变，例如多头市场的初期走势，会被认为是空头市场的次级折返走势，一样的情况则会发生在多头市场的顶部区域。

图 7-1　道氏理论五大定理

股价的主要走势代表整体的基本趋势，一般分为多头市场或空头市场，持续时间可能在一年以内，乃至于数年之久，正确判断主要走势的方向，是投资行为成功与否的最重要因素。图 7-2 所示为上证指数（000001）2014 年 4 月至 2015 年 6 月的主要趋势示意图。

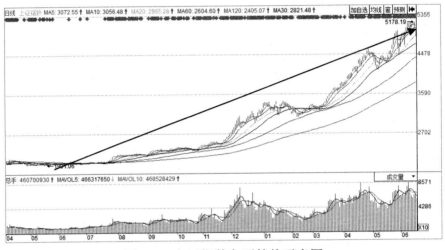

图 7-2　上证指数主要趋势示意图

从图 7-2 中可以看出，上证指数从 2014 年 6 月左右开始进入上升的主要趋势中，投资若在 2014 年 6 月至 2015 年 6 月这段时间内认清趋势的方向，就能保证盈利。

■ 主要的多头市场

主要的多头市场是一种整体性的上涨走势，其中夹杂次级的折返走势，如图 7-3 所示。

图 7-3　多头市场股价主要趋势

在多头市场中，股价普遍上涨，其中会有小幅下跌，但是多头市

场总有转为空头的一天，下面通过一个图示讲解多头的转化，如图 7-4
所示。

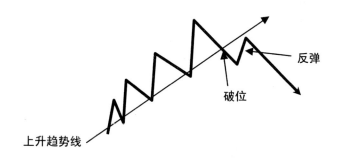

图 7-4　多头市场的转化

　　股价当前处于多头市场，股价在趋势线上方运行，当股价自上而下
突破趋势线时，则意味着股价反转，呈现破位下跌，股价会有一个反弹
向上运行的行为，但是在碰到趋势线处会立刻下降，被称为反弹，因为
股价位于高位，所以有时股价会直接下跌。

　　图 7-5 所示为上证指数 2015 年 4 月～7 月的走势图。上证指数在 6
月下旬开始迎来行情反转，但下跌过程中指数并未出现反弹，而是在破
位后快速下跌，顿时市场中哀鸿遍野。

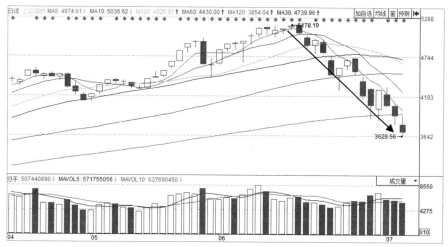

图 7-5　上证指数多空转换示意图

■ 主要的空头市场

主要的空头市场是指长期向下的走势，其间夹杂着重要的反弹。它的形成来自于各种不利的经济因素，例如公司的负面新闻、政府政策等，如图 7-6 所示。

图 7-6 空头市场的股价表现

在空头市场中，股价一片大跌，其中会有小幅反弹，但是空头市场总有转为多头的一天，下面通过一个图示讲解空头的转化，如图 7-7 所示。

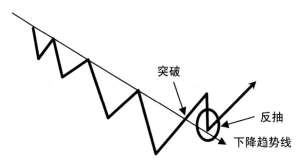

图 7-7 空头市场的转化

由图中可知，股价长期处于空头市场，股价被压制在下降趋势下方运行，当股价自下而上突破趋势线时，呈现突破上涨，则意味着股价反转，突破后，股价在空头的最后一搏下再次小幅下跌，但是在碰到趋势线处会立刻上升，被称为反抽，在股价的反抽期间可能会长期筑底横盘，也可能会快速上涨。

图 7-8 所示为齐星铁塔（002359）在 2014 年 3 月~9 月的 K 线图。股价在这段时间内由下跌行情逐渐转化到上涨行情中。

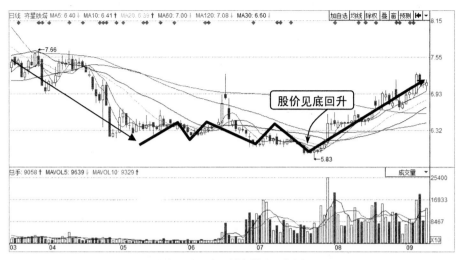

图 7-8　齐星铁塔 K 线图

从图 7-8 中可以看出，在 7 月底之前，股价都处于下跌趋势中，在创出 5.83 元的新低后，股价才出现见顶回升的迹象，最终出现反转进入上涨趋势中。

■　趋势线及应用法则

趋势线是趋势理论分析的重中之重。趋势线主要包括下跌支撑线以及上升阻力线。

股价在一段时间内一个低点比一个低点高，将多数低点连接起来就形成了上升趋势线，对股价起着强力支撑作用，支撑股价继续上涨；如果股价一个高点比一个高点低，将下降的各个高点连接起来就形成了下降趋势线，对股价起阻力作用。

在确定股价变化的趋势线时，如果股价暂时跌破原有的趋势线，就必须重新将早期的高点或低点与最近的高点或低点进行连接，形成新的趋势线。

图 7-9 所示为上升趋势线与下降趋势线的示意图。

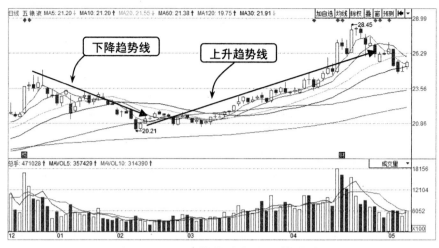

图 7-9　下跌趋势线与上升趋势线

在进行趋势分析之前，投资者要根据以下三个标准来对趋势线的可靠性进行判断。

● 趋势线被触及的次数越多，说明趋势线越可靠。

● 趋势线的角度越大，说明市场交易价格变动越大，可靠性越低。

● 趋势线所跨越的时间越长，可靠性越高。

当发现上涨趋势形成后，在股价回落到上涨趋势线附近时，是买入时机；当发现下跌趋势形成后，在股价反弹到下跌趋势线附近时，是卖出时机。

当上涨趋势运行一段时间后，若股价从上向下突破上升趋势线，说明行情拐点来临，股价将改变运行趋势，此时是卖出时机。

在中期上涨趋势中，股价在急速上升一段时间后，会进入短期的回调行情中，这时股价会受到一条短期下降趋势线的压制，而当股价向上突破该短期下降趋势线时，是中期上升趋势保持的信号。

因此投资者在分析基金持仓个股的趋势时，不要因为短期趋势处于下降中而否定某只股票，而应对其中期趋势，甚至长期趋势进行判断。只要中长期趋势保持在上升过程中，这类股票就值得继续持有。

如图 7-10 所示为张裕 A（000869）2014 年 3 月至 2015 年 5 月的 K
线图。

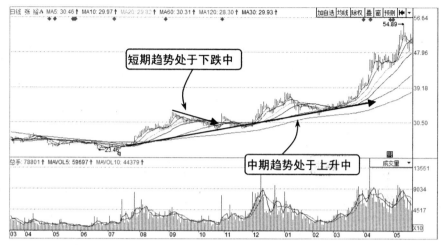

图 7-10　张裕 A 的 K 线图

从图中可以看出，张裕 A 在 2014 年 7 月之前都处于下降趋势中，
在创出 23.46 元的新低后，逐渐进入上升趋势中。

随着上升趋势不断发展，跨越的时间不断延长，上升趋势已经成为
中期趋势。而在中期趋势中，股价不可能一直处于上涨中。

总会出现短期的回调，投资者不能被短期回调蒙蔽双眼而盲目判断。
在对基金持仓个股的趋势分析时，所持视角应该更为宏观一点。只要股
价仍处于上升趋势中，就值得持有。

正确判断趋势线的有效突破，有助于投资者进行正确的投资分析。
当判明股价涨破阻力趋势线后应及时买进，当股价跌破支撑线后应及时
卖出。因此正确判断趋势线的有效突破十分重要。通常而言，下列突破
都是有效突破。

● 收盘价突破趋势线通常是有效的突破，而盘中股价曾经突破趋
　势线，但收盘价未突破趋势线的突破是无效突破。

● 连续两天以上的突破是较为有效的突破。

● 连续两天以上创新高的突破是有效的突破。

- 股价突破趋势线后，成交量同步上升或与前期相比保持不变的突破是有效地。

- 股价突破趋势线后，持续时间越长，突破越有效。

图 7-11 所示为湖北金环（000615）2014 年 8 月至 2015 年 7 月的 K 线图。

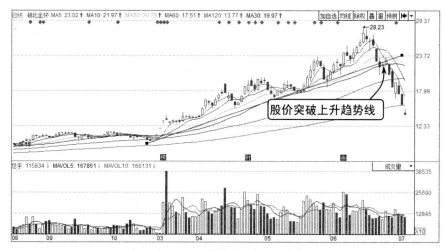

图 7-11　湖北金环 K 线图

湖北金环在 2015 年 3 月复牌后，通过连续的涨停进入了快速上涨通道，股价在上升趋势线的支撑下不断拔高，最终在 6 月中旬创出了 28.23 元的新高。

在创出新高后，股价开始回调向下接近上升趋势线，最终在 6 月 23 日收出 21.77 元的低价，收盘跌破上升趋势线，呈现出破位下跌形态，也说明了当天的突破是有效的，股价将在很长一段时间以来处于下跌行情中。

如果某只基金的持仓中有这类股价见顶回落的股票，投资者则不应再购买此基金。

图 7-12 所示为石油济柴（000617）2015 年 2 月~6 月的 K 线图。进入 2 月之后，股价就一直处于上涨中，在上升趋势线的支撑下，股价平稳的走高。

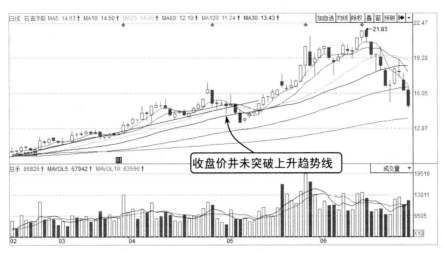

图 7-12　石油济柴 K 线图

　　5 月 4 日，股价在盘中一度下跌 4% 左右，跌破上升趋势线，造成了股价将见顶回落的假象。

　　从当天的收盘情况来看，股价在收盘中被拉回到开盘价附近，收出长下影线，收盘价仍保持在上升趋势线上方，股价只是假突破。

　　从后市的走势也可以看出，股价在假突破之后迎来了短暂回调，随后股价继续大幅上涨，走出良好的上升趋势。

　　包钢股份是上证 50 成分指数中为数不多的钢铁行业股，在 2014 年的牛市中受到了不少投资者的青睐。

　　从包钢股份 2014 年 10 月至 2015 年 4 月的走势来看，股价走出了非常良好的上涨趋势。

　　在 2014 年 12 月之后，投资者就可以根据包钢股份的上涨走势画出上升趋势线，且后市的走势在上升趋势线的支撑下不断攀升。

　　仔细观察趋势线，可以发现每当股价回调至趋势线附近就会受到支撑，也是投资者的买入时机，如图 7-13 所示。

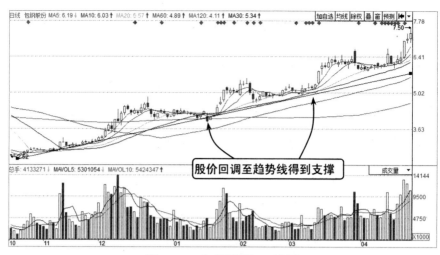

股价回调至趋势线得到支撑

图 7-13　包钢股份 K 线图

对长期投资者而言，包钢股份是大型国企，股价处于低位，买入可以获得较稳定的收益；对于短线投资者而言，包钢股份的走势非常规律，进行波段买卖非常简单，可以轻松进行低吸高抛，获取不菲的短线收益。

2. 个股的形态理论分析

形态分析是技术分析的重要组成部分，它通过对市场横向运动时形成的各种价格形态进行分析，并且配合成交量的变化，推断出市场现存的趋势将会延续或反转。

价格形态可分为反转形态和持续形态，反转形态表示市场经过一段时期的酝酿后，决定改变原有趋势，而朝相反的方向发展，持续形态则表示市场将顺着原有趋势的方向发展。形态理论是通过研究股价所走过的轨迹，分析和挖掘出曲线的一些多空双方力量的对比结果，投资者可以根据这些结果再进行投资决策。

■ 反转形态

反转形态包括头肩顶和头肩底、双重顶和双重底、三重顶（底）形态、圆弧形态、V 形反转。

● 头肩底形态

头肩底形态是在实际股价形态中出现最多的一种形态，也是最著名和最可靠的反转突破形态，头肩底形态只有一个最低点，两肩的低点价位非常接近。

图 7-14 所示为 S 佳通（600182）2014 年 11 月至 2015 年 3 月的 K 线图。

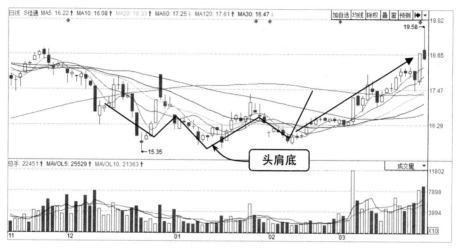

图 7-14　S 佳通 K 线图

S 佳通在 2014 年 11 月中旬后就处于不断下跌走势中，股价在 12 月底创出了 15.35 元的新低，随后迎来短期反弹。

在反弹结束后，股价再次下跌，形成头肩底形态的头部。虽然股价在头部中并未创出新低，但仍可以看作头肩底有效。

在右肩形成后，股价迎来行情反转开始不断回升。

● 头肩顶形态

头肩顶形态是一个可靠的卖出信号，通过 3 次连续的起落构成该形态的 3 个部分，也就是有 3 个高点，中间的高点比另外两个高点要高，称为"头部"，左右两个相对较低的高点称为"肩部"。

图 7-15 所示为大杨创世（600233）2015 年 3 月～7 月的 K 线图。

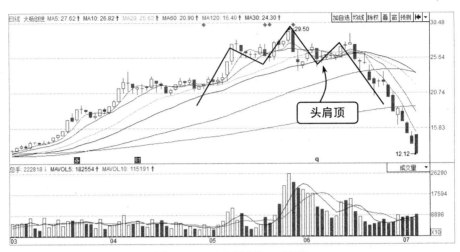

图 7-15 大杨创世 K 线图

大杨创世在 2015 年 3 月以来走出了较大的涨幅，股价从 12 元左右上涨至 29 元附近，涨幅超过了 100%。

在上涨至 27 元附近时，股价开始受到阻力，在高位展开调整，形成了头肩顶的左肩。

调整之后，股价再度冲高，摸高 29.50 元，形成头部，然而多方无力继续推动，股价只得回落。在下跌之前，股价再次小幅反弹，形成了右肩，由此头肩顶形态也全部形成。

该形态的出现，意味着股价将见顶回落，短期内将处于下跌中。持有该类个股的基金，其收益必然受到直接影响。

● 双重底形态

双重底又称为 W 形底，W 形底的形成一般是在下跌趋势的末期，股价下跌到第一个低点建立了阶段性最低价位后，股价开始回升，受到下降压力线的打压，这次的下跌在前一个低价位的附近价位停止，过后股价又继续上升，这样就形成了两个底的形状，形态状似"W"，因此又称为 W 形底。

图 7-16 所示为山水文化（600234）2014 年 6 月至 2015 年 6 月的 K 线图。

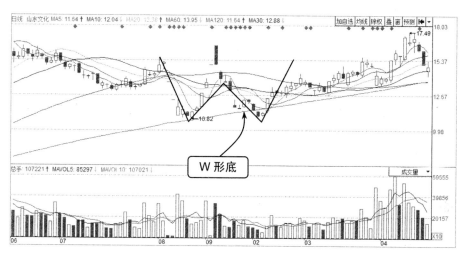

图 7-16　山水文化 K 线图

从图 7-16 中可以看出，山水文化在 2014 年 8 月至 2015 年 2 月这段时间内形成了 W 形底。在双重底的第二重底形成后，股价迎来大反转，逐渐由下跌转为上涨。

由此可见，双重底是较为可信的底部反转信号，股价将在未来一段时间以内都处于上涨行情中。

双重顶则与双重底相反，是股价见顶回落的信号。图 7-17 所示为武昌鱼（600275）2015 年 1 月～7 月的 K 线图。

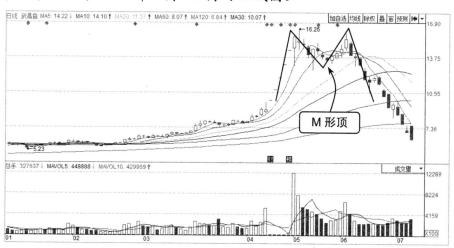

图 7-17　武昌鱼 K 线图

武昌鱼在经过 2015 年 1 月～3 月的长期底部横盘后，在 4 月之后迎来爆发性上涨。

随着股价被连续涨停拉升至高位，上涨逐渐受阻。在涨停被打开后，股价创出 16.26 元的新高，形成双重顶的第一重顶。

随后股价在高位小幅回调后再次上攻，但未能形成新高，同时却形成了双重顶的第二重顶，预示着股价将无法继续在高位保持，即将迎来大幅回调。

● 圆弧底形态

圆弧底是指将股价在一段时间内每一局部的低点用折线连起来，会发现这些低点的连线类似于一条圆弧的弧线。

当圆弧低形态出现在股价运行的较低位区间时，是明显的股价见底的信号，这时应根据市场变化，借机持股待涨。

图 7-18 所示为精伦电子 (600355) 2014 年 10 月至 2015 年 5 月的 K 线图。

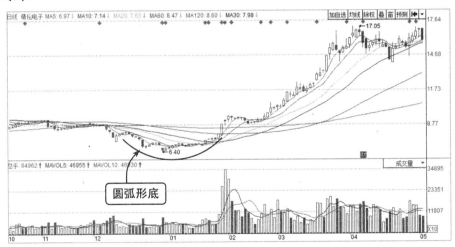

图 7-18　精伦电子 K 线图

在 2014 年 10 月以来，精伦电子处于小幅回调走势中，在下跌过程中，K 线形成了圆弧底形态。在股价创出 6.40 元的新低后，走势进入圆弧底形态的上涨阶段。

后市股价也在圆弧底形成后不断上涨，涨幅已经超过 100%。由此可见，圆弧底是行情反转向上的可靠信号。

● 圆弧顶形态

圆弧顶是指将股价在一段时间内每一局部的高点用折线连起来，会发现这些高点的连线类似于一条圆弧的弧线。

只有当圆弧顶形态出现在股价运行的高位区间时，才会有股价见顶的信号，这时应根据市场变化，择机卖出股票。

图 7-19 所示为金地集团（600383）2015 年 3 月～7 月的 K 线图，金地集团在这段时间内形成了标准的圆弧顶形态。

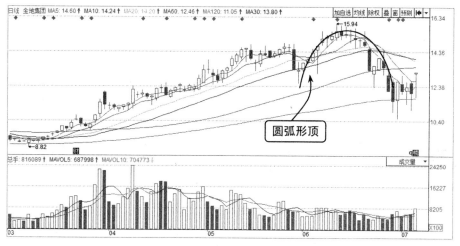

图 7-19　金地集团 K 线图

金地集团在 2015 年 3 月～6 月的 3 个月时间里，股价由 8.82 元最高上涨至 15.94 元，涨幅接近 100%。由此可见，该股在这段时间涨势多么凶猛。

在上涨过于凶猛的情况下，投资者应考虑其何时见顶的风险。进入 6 月后，股价结束回调，连续收出带上下影线的阳线，形成了圆弧顶的上涨阶段。

在创出 15.94 元的新高后，涨跌的分水岭出现，在接下来的 8 个交易日里，股价连续收出阴线，在高位形成标准的圆弧顶形态，预示着股价将见顶回落。

● V 底形态

V 形底走势是一个比较常见的反转形态，它在底部出现的频率较高，而且一般出现在市场剧烈的波动之中。

V 形反转形态与其他的反转形态最大的不同就在于，V 形底没有中间过渡的横盘过程，其关键性的转向过程仅 2～3 个工作日，有时甚至更短。

V 形底的形态中，一般会有一根较长的下影线探出股价的底部，成功探出底部过后，股价一般会有较大的涨幅。

图 7-20 所示为国电南瑞 (600406) 2014 年 10 月至 2015 年 4 月的 K 线图。

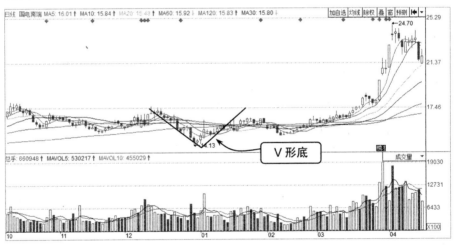

图 7-20　国电南瑞 K 线图

国电南瑞在 2014 年 10 月至 2015 年 1 月的牛市中并未出现良好的上涨走势，而是呈现小幅回调，且在 12 月之后，跌幅加大。

股价在 12 月底创出 14.13 元的新低，随后股价迅速反弹上涨，形成 V 形底。从长期来看，V 形底预示的上涨行情涨幅更大，持续时间更长，更适合基金买入持有。

■ **持续整理形态**

持续整理形态包括三角整理形态、矩形形态、旗形、楔形。

● 三角形整理形态

三角形整理形态就是一种常见的持续整理形态，分为对称三角形、上升三角形、下降三角形。

对于三角形整理形态而言，整理之前是什么趋势，整理结束之后仍会保持原有趋势继续运行。

对称三角形有两条聚拢的直线，上面的直线向下倾斜，起压力作用；下面的直线向上倾斜，起支撑作用；两条线一条向上发展，一条向下发展，显示多空力量对等。两条直线的交点称为顶点，对称三角形一般有6个转折点。

图 7-21 所示为招商地产（000024）2014 年 11 月至 2015 年 3 月的 K 线图。

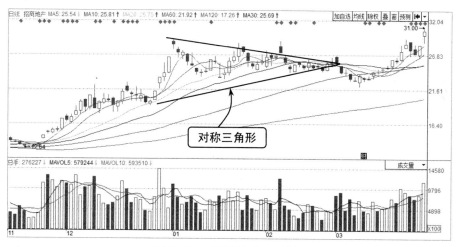

图 7-21　招商地产 K 线图

招商地产作为房地产企业中的知名企业，其经营业绩毋庸置疑。在大盘行情处于牛市中时，其股价也表现优异。

招商地产从 2014 年 11 月的 12 元附近开始上涨，在 12 月底就达到 26 元上方，在一个多月的时间里，股价的涨幅超过 100%，在房地产行业中也属于翘楚。

在股价达到 26 元上方后，获利盘开始抛售，持股不坚定的投资者逐渐动摇。反映到股价上便是在相对高位开始震荡整理。

仔细观察整理过程，发现股价是呈现对称三角形的整理形态，意味着整理结束后，股价将继续上涨。因此投资者在发现有基金持有这类整理中的股票时，不应着急，因为后市股价继续上涨的概率极大。

● 矩形形态

矩形也是一种常见的整理形态，是指股价在两条水平线之间上下波动，呈现横向的运动。

矩形在形成之初，多空双方力量大量投入，各不相让，具体表现在多方在股价下跌到某个价位就会买入，空方在股价上升到某个价位就会卖出，时间一长，多空双方的这种行为就会促使股价的走势在大体上形成两条明显的上下界线，但是随着时间的延长，双方的力量和热情得到消减，市场会逐渐趋于平淡。

图 7-22 所示为深深房 A (000029) 在 2015 年 2 月～6 月的 K 线图。在这段时间内，股价出现矩形整理形态。

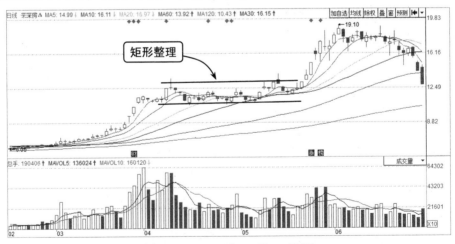

图 7-22　深深房 A 的 K 线图

深深房 A 在 2015 年的 2 月～3 月的时间内，都处于低位横盘中，成交量长期保持地量，股价波动极小。

进入 3 月后，成交量开始放大，股价以实体较小的 K 线开始上涨。

最终在 3 月底迎来爆发性上涨,股价由 7 元上涨至 12 元附近,涨幅达到 70% 左右。

在股价达到 12 月上方后,上涨受阻,多方无力继续推动股价上扬,随即在 11 元~13 元的区间内展开整理,在整理过程中,股价始终保持在这个区间内波动,形成矩形整理形态。意味着在整理结束后,股价将继续上涨。

● 旗形形态

旗形也是一个常见的持续整理形态,它的形状是一个上升或下倾的平行四边形。旗形形态多发生在市场活跃,股价运行呈现急剧上升或下降的情况下。旗形的应用,一般有以下几点需要注意。

● 旗形出现之前,应该形成一个旗杆,这旗杆是由于股价急速运行形成的。

● 旗形的持续时间不会太长。

● 旗形的形成和被突破之后,成交量较大。

图 7-23 所示为东风科技(600081)2015 年 1 月~6 月的 K 线图。

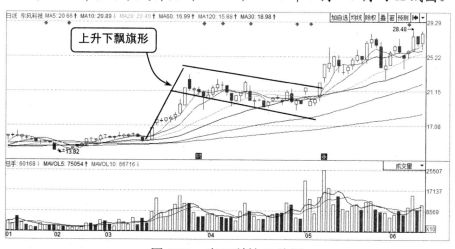

图 7-23 东风科技 K 线图

从图 7-23 中可以看出,东风科技在 2015 年 1 月~3 月这段时间内,股价处于低位横盘状态,成交量长期保持在较低的水平。

到了 3 月中旬，随着大盘行情的爆发，东风科技也迎来快速上涨。股价在半个月的时间里由 15 元上涨至 22 元附近，涨幅超过 50%，涨势喜人。

在 22 元附近，股价上涨受阻，以 22 元为起点开始整理，在整理过程中，股价向下阴跌，形成上升下飘旗形的整理形态。

当投资者发现基金持仓中有类似走势的个股，应该保持冷静，放心进行申购或继续持有，因为股价在整理结束后还会继续上涨。

● 楔形形态

在三角形形态与旗形形态中，有一种居于它们中间的形态，这就是楔形形态，虽然楔形形态在市场中出现的概率比较小，但它是明显的买卖信号。

楔形形态由两根趋势线构成，并逐步倾斜收敛，形成了一个逐渐缩小的通道。当价格处于楔形形态尾端的时候，会开始反转突破，上升的楔形形态中，价格会出现下跌，反之则开始上涨。

图 7-24 所示为山水文化（600234）2015 年 3 月～5 月的 K 线图。

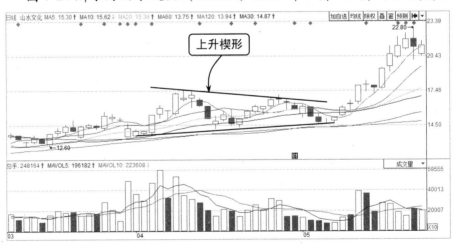

图 7-24　山水文化 K 线图

山水文化在 2014 年 3 月开始上涨,股价由最低 12.60 元上涨至 17.50元左右，涨幅在 39% 左右。

随后股价在 17.50 元至 14.50 元的区间内持续整理，整理过程形成楔形整理形态，意味着这只是短期整理而非见顶信号。

山水文化在 5 月初结束整理形态，再次进入上涨通道中，股价由 14.50 元快速拉升至 22.80 元附近。

因此投资者在发现基金的持仓个股中出现以上类似的持续整理形态时，应该放心申购或持有。特别对于申购基金的投资者而言，此时是股价处于回调的低点中，基金的净值也会相应降低，此时申购更为划算。

而对于持有基金的投资者而言，应该坚定持有，而不是过于着急进行赎回。

3. 波浪理论与个股

波浪理论，就是股价像波浪一样前进和后退，股价的表现为上涨和下跌。

波浪理论把浪分为 8 个运动阶段，基本模式如图 7-25 所示，上升阶段为五浪，又称为上升五浪，分别为浪 1、浪 2、浪 3、浪 4 和浪 5；下跌阶段为三浪，又称下跌三浪，分别为浪 A、浪 B 和浪 C。

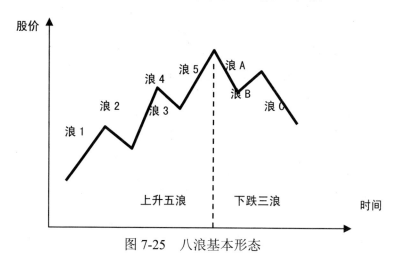

图 7-25 八浪基本形态

每浪都有不同的含义，其具体含义如下。

- **浪 1**：波浪循环的开始，不会有太大的涨幅。经历过长期的低位横盘，股价的下跌空间有限。主力喜欢这类个股，因为股价拉升起来较为容易，前期建仓成本较低，控盘程度高，投资者可从成交量方面观察该股变化。

- **浪 2**：浪 1 的调整，调整幅度不会太大。此时的回调，主要有两种目的，一是资金主力进一步打压股价降低控盘成本，二是利用打压股价的行为测试自己的控盘度，这时的调整程度不会太大，时间上一般为短期。

- **浪 3**：涨幅最大，爆发力最强的一浪。资金主力经过浪 2 的回调，得出控盘程度高的结论后，在拉动股价上便会无所顾忌。此时的量价关系表现为量价齐升，且股价上涨速度较快，强势拉升。

- **浪 4**：经过浪 3，此时的获利者选择卖出较多，回调程度视出逃情况而定。经历过最具有爆发性的一波拉升行情后，资金主力稍显疲乏，此时的控盘成本逐渐增加，回调程度受到当时的出逃情况影响，同时也会影响股价的后市走势，若调整程度较大，那么股价的最后一波行情不见得会很好。

- **浪 5**：最后一个上升浪，涨幅不会大于浪 3，此时会有延长现象出现。浪 5 时股价已经处于高位，主力的控盘成本达到最高，随时有出货的可能，为了将股价保持在高位，以便于主力顺利出货，浪 5 的延长现象时有发生。

- **浪 A**：下跌三浪的第一浪，下跌幅度较大。此时主力的全部意愿在于顺利出货，主力资金一旦撤离，股价急速下跌，众多投资者被套。

- **浪 B**：下跌中的反弹浪，反弹程度不会太大，但是这是被套牢者的最后一次出手机会。由于股市中有众多的散户在浪 5 结束后未及时出局被套牢，市场中仍有一部分的散户持股，所以股价的下跌现象在此时会有一个停顿，此时广大散户应及时出局。

- **浪 C**：浪 C 的破坏性极强，跌幅和时间都较长，全面看空。此时的股市已经人去楼空，大多投资者已在反弹时出售持股，此时股价完全没有支撑，一路下滑。

波浪理论在实战中的应用，最难的就是数浪。一旦在数浪时出现错误，就可能造成投资的失败。

图 7-26 所示为创业环保 (600874) 2014 年 10 月至 2015 年 2 月的 K 线图。

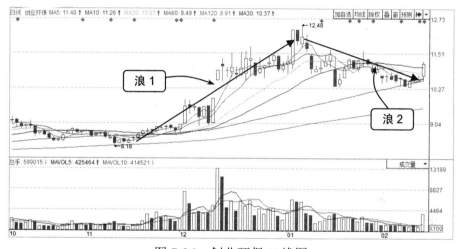

图 7-26　创业环保 K 线图

从图 7-26 中可以看出，创业环保在 2014 年 11 月初创出了 8.18 元的新低，随后股价进入上涨行情。

将 2014 年 11 月初至 2015 年 1 月的上涨看作一轮上涨行情的浪 1，那么在 1 月开始的股价回调就是浪 2。

浪 2 的出现，意味着股价将小幅回调，但不会跌破浪 1 的起点。从创业环保的走势来看，浪 2 的调整幅度也有限。

一旦确定股价处于完整的上涨行情中，1 月的下跌只是浪 2 的回调，投资者就不应急于赎回持有类似走势个股的基金，而是应该等待浪 3，即主升浪的到来，当股价在主升浪中不断走高时，投资者选择赎回基金才是最为明智的决定。

如果大盘行情趋势不明朗时，投资者应暂停购买基金的计划，或选择将基金赎回，避免在震荡中遭受损失，这些损失不仅仅是股票下跌带来的，也有基金经理频繁交易而带来的高额交易费用。

图 7-27 所示为创业环保 2014 年 12 月至 2015 年 6 月的 K 线图。可以清楚地看到创业环保在后期走出了标准的浪 3，浪 4 和浪 5。

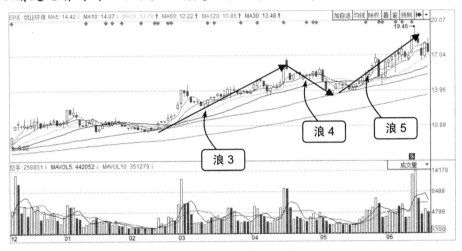

图 7-27　创业环保 K 线图

创业环保在 1 月开始的浪 2 回调结束后，进入了浪 3 的主升行情，股价在主力资金的推动下由 11 元上涨至 16 元附近。此时股价已经有较大的涨幅，投资风格偏向稳重的基金持有者可以选择赎回基金。

而风险承受能力相对于更强的投资者可以继续持有，待股价进入浪 5 后，再伺机赎回，达到基金收益最大化的目标。

02
根据基本面分析个股

基本面分析是以证券的内在价值为依据，着重于对影响证券价格及其走势的各项因素的分析，以此决定投资者何时购买何种证券以及购买数量。基本面因素主要包括宏观经济因素、行业因素和公司的发展情况因素等。

1. 政策环境分析

股价常根据一些特定的经济指标、经济政策、国家宏观调控以及国际形势等宏观因素的变化而变化，对这些因素的分析是判断当前证券市场形势的主要依据。

站在基金管理者的角度，基金的持仓时间都较长，不会频繁的交易。因此基金管理者在进行选股时，一定是选择那些符合国家发展政策企业的股票。

图 7-28 所示为华夏行业股票基金截至 2015 年 3 月 31 日之前的前 10 大重仓持股明细示意图。

序号	股票代码	股票名称	数量（股）	公允价值（元）	占净资产比例(%)
1	600525	长园集团	9,122,688	156,636,552.96	2.47
2	000958	东方能源	7,437,643	154,405,468.68	2.44
3	000671	阳光城	7,598,821	141,857,541.49	2.24
4	601166	兴业银行	7,457,600	136,921,536.00	2.16
5	601607	上海医药	5,049,847	114,732,523.84	1.81
6	300336	新文化	2,294,207	113,907,377.55	1.80
7	600887	伊利股份	3,292,288	101,567,084.80	1.60
8	600518	康美药业	3,149,955	97,680,104.55	1.54
9	002285	世联行	2,209,655	85,690,420.90	1.35
10	002410	广联达	2,053,142	85,205,393.00	1.34

华夏行业股票（LOF） 2015年 前10大重仓股持股明细　　报告日期: 2015-03-31

图 7-28　华夏行业股票基金前 10 大重仓持股明细示意图

从华夏行业股票基金的持仓明细中，占比由高到低分别是电器设备行业、能源股、房地产、银行股、医药股、传媒股和食品加工行业等。由此可以看出该基金在符合国家政策的同时，与国民需求紧密相连，投资持股的行业都是较为稳定的板块。

宏观经济的运行比较难把握，所以根据宏观经济运行情况对证券未来价格进行分析，有一些特定方法如下。

● **总量分析法**：是指对影响宏观经济运行总量指标的因素及其变

动规律进行分析，例如国民生产总值等，进而说明整个经济的状态。它主要研究总量指标的变动规律，是一种动态分析。

● **结构分析法**：是指对经济系统中各部分及其对比关系变动规律的分析，例如消费与投资的结构、经济增长各因素的结构等。它主要研究一定时间内系统中各组成部分变动规律，是一种静态分析。

财政政策是政府根据当前客观的经济运行情况制定的指导财政工作、处理财政关系的一系列方针、措施的总称。

财政政策的主要包括预算、税收、国债、财政补贴、财政管理机制和转移支付制度等，这些政策可以单独使用，也可以结合起来使用。

货币政策是指政府为了实现一定经济目标所指定的关于货币供应与流通组织管理的方针和基本准则。货币政策的主要作用如图7-29所示。

货币政策可以通过调整货币供应量保持社会总供给与总需求的平衡，使经济达到均衡。

货币政策通过提高利率和减少货币供应量控制通货膨胀，保持物价总水平的稳定，提高利率可以减少社会相对需求，调低利率可以放大需求。

货币政策可以通过对利率的调整影响人们的消费倾向和储蓄倾向，例如较低利率可以达到鼓励消费的作用，较高利率则是鼓励储蓄。

货币政策可以通过利率的变化影响投资成本，较低的利率意味着较低的投资成本，较高的利率意味着较高的投资成本。

图 7-29　货币政策的主要作用

货币政策的一般性工具有法定存款准备金率、再贴现政策和公开市场业务等。其具体意义如下。

● **法定存款准备金率**：是指中央银行规定的金融机构为保证客户提取存款的需要而放置在中央银行的存款占金融机构存款总额的比例。

● **再贴现政策**：是指商业银行或其他金融机构将贴现所获得的未到期票据，向中央银行转让。

- **公开市场业务**：是中央银行吞吐基础货币，调节市场流动性的主要货币政策工具，通过中央银行与指定交易商进行有价证券和外汇交易，实现货币政策调控目标。

2014 年 11 月，央行启动了自 2012 年以来的首次降息，此后 2015 年又接连 3 次降息。这 4 次降息的时间间隔分别为 3 个多月，2 个多月，1 个多月。央行 2015 年 1 月～7 月已经 3 次降准，其中 2 次普降 1 次定向降准，与之形成对比，2014 年只有 2 次定向降准。无论是降息还是降准，频繁程度都明显加密。

投资者可以观察 2014 年的大盘指数走势，再观察 2015 年 1 月～6 月的大盘走势。

图 7-30 所示为上证指数（000001）2014 年 4 月～12 月的走势。从图中可以看出，上证指数在 2014 年 5 月创出了 1 991.06 点的新低。

在创出新低之后，大盘在短期内仍然没有起色。直到 7 月底，随着降准降息的利好消息被市场消化，大盘迎来上涨行情。

此轮上涨行情一直延续到了年底，创出 3 223.86 点的新高，全年最大涨幅为 62%。

图 7-30　上证指数 K 线图

图 7-31 所示为上证指数 2015 年 1 月～6 月的 K 线图。从图中可以

看出，在 2015 年的上半年中，上证指数处于良好的上涨走势中。

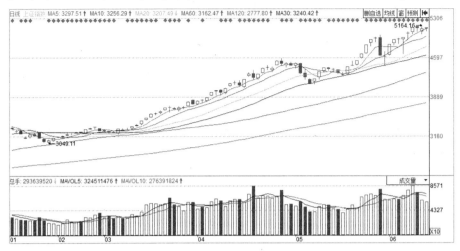

图 7-31　上证指数 K 线图

上证指数在 2015 年 1 月底创出了 3 049.11 的近期新低，而在 6 月初创出了 5 164.16 点的新高，上半年最大涨幅达到 69%。

由此可见，仅仅在 2015 年上半年，上证指数的涨幅就超过 2014 年的全年涨幅。从这可以看出央行降准降息对股票市场的作用较为明显。虽然在 2015 年 6 月底至 7 月初的 "股灾" 中，降准降息未能起到明显作用，但不能因此一例特殊情况而否决其积极作用。

2.　分析行业前景

分析行业前景，首先需要进行行业分析。行业分析是指根据经济学原理，综合运用统计学、计量经济学等分析工具对行业经济的运行状况、市场竞争格局和行业政策等行业要素进行深入的分析，发现行业运行的内在经济规律，从而进一步预测未来行业发展的趋势。

行业分析是企业分析的基础与前提，它主要是对上市公司的背景资料进行掌握以及对行业的经济特性进行考察，其具体的分析内容如图 7-32 所示。

图 7-32　行业分析的内容

■ 行业结构分析

由于经济结构不同，可以将行业的市场结构分为完全竞争型、垄断竞争型、寡头垄断型和完全垄断型四种类型，其具体内容如下。

- **完全竞争型**：企业无法主导和影响产品的价格，因为所有企业向市场提供的产品都是相同，生产者众多，资源和信息完全自由流动，进出该行业比较容易，代表性行业有食品加工行业、种植业与林业等。

- **垄断竞争型**：企业可以自主制定产品的价格，每个企业都在市场上具有一定的垄断力，但它们互相存在着激烈的竞争。进出该行业相对容易，生产者多，产品存在一定的差异化。代表性行业有计算机设备行业、纺织行业等。

- **寡头垄断型**：企业为数不多，相互影响、相互依存，可以制定产品的价格。生产者少，进入该行业困难。代表性的行业有钢铁行业、汽车整车行业等。

- **完全垄断型**：一个行业只有一个企业，其他企业要进入该行业几乎不可能，企业对产品的价格控制程度很大。代表性行业为石油行业。

投资者可以在股票行业软件中查看个股的资料，对其所处的行业进行了解，并作出市场结构分析。

图 7-33 所示为伊利股份的基本资料示意图。伊利股份是大家耳熟能详的民族乳业品牌，被归在食品加工制造行业中。

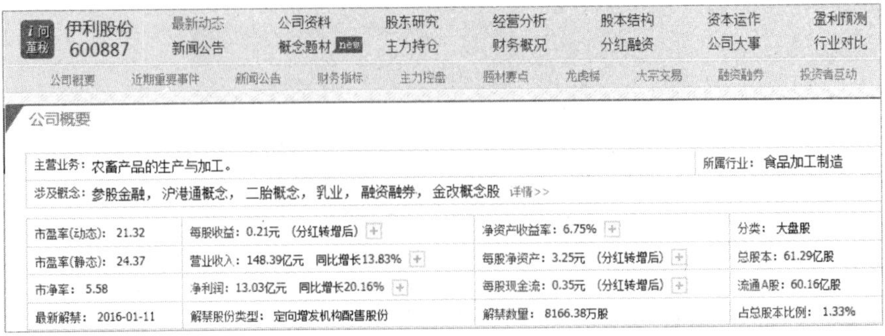

图 7-33 伊利股份基本资料示意图

伊利股份的主营产品是液体乳，是长期排名国内液体乳销售第一的品牌。虽然所处的行业是完全竞争型行业；但伊利股份在行业中的地位是举足轻重的。

■ 行业性质分析

对行业进行分析，首先需要从其产品形态进行分析，主要是分析企业生产的产品是生产资料或是消费品。

生产资料是用于满足企业的生产需求，而消费品是满足人民的日常生活需求。

其次，当企业的产品为生产资料时，受经济环境的影响较大。经济发展良好时，生产资料的需求大；经济发展陷入困境时，生产资料的需求会迅速萎缩。

再次，从行业的生产形态角度对行业性质进行分析。主要分为劳动密集型、资本密集型和技术密集型。

- **劳动密集型**：是指在生产过程中需要大量使用劳动力，而对技术和设备的依赖程度较低。典型的行业有农业、林业、牧业、渔业、手工业、纺织业、制造业等。

- **资本密集型**：是指在产品的生产过程中，资本成本较其他投入所占的比重大，即需要运用大量资本才能进行生产。典型的行业有有色冶炼业、电子与通信设备制造业、石油化工业、电力工业等。

● **技术密集型**：指在产品生产过程中，知识技术所占的比重较大，即需要用复杂而先进的科学技术。典型的行业有电子计算机设备业、航天业、大规模集成电路工业、精密仪器业、医疗器械业、电子乐器业。

■ 生命周期分析

行业的生命周期是指行业从出现到完全退出社会经济活动所经历的时间。一个完整的生命周期主要包括 4 个发展阶段：幼稚期、成长期、成熟期、衰退期，如图 7-34 所示。

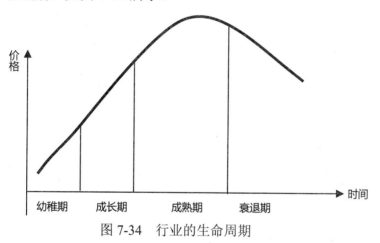

图 7-34 行业的生命周期

市面上的多数股票型基金在选择股票时，较为看重企业当前所处的行业生命周期。通常会选择那些在成长期或成熟期的行业，而很少选择幼稚期与衰退期的行业。

而当前市场中，处于衰退期中的行业，较为突出的有钢铁、水泥等行业。主要是因为近年来这些行业产能严重过剩，污染太大。

而房地产行业有成熟期向衰退期过渡的趋势，投资者进行基金申购时需要多加注意。

■ **行业稳定性分析**

行业的稳定性主要通过其每年的营业收入进行判断。而整个行业的营业收入数据难以收集，可以通过对行业内的龙头企业进行分析，从而达到对该行业的分析效果。

图 7-35 所示为贵州茅台 2013 年 12 月 31 日至 2015 年 3 月 31 日的财务数据示意图。

i问 贵州茅台 财税 600519	最新动态 新闻公告	公司资料 概念题材 new	股东研究 主力持仓	经营分析 财务概况	股本结构 分红融资	资本运作 公司大事	盈利预测 行业对比
	财务速递	财务指标	指标变动说明	资产负债构成	财务报告	财务诊断	杜邦分析
科目\年度	2015-03-31	2014-12-31	2014-09-30	2014-06-30	2014-03-31	2013-12-31
基本每股收益(元)	3.82	13.44	9.36	6.33	3.56	14.58
净利润(万元)	436,490.17	1,534,980.43	1,069,332.92	722,985.38	369,938.63	1,513,663.98
净利润同比增长率(%)	17.99	1.41	-3.40	-0.25	2.96	13.74
营业总收入(万元)	876,036.79	3,221,721.37	2,217,325.77	1,461,563.93	758,173.96	3,107,059.62
营业总收入同比增长率(%)	15.55	3.69	0.78	3.38	5.80	17.45
每股净资产(元)	50.60	46.79	42.68	39.65	44.59	41.05
净资产收益率(%)	7.85	31.96	23.02	15.64	8.32	39.43
净资产收益率-摊薄(%)	7.55	28.73	21.94	15.97	7.99	35.51
资产负债比率(%)	12.85	16.03	14.17	15.56	15.31	20.42
每股资本公积金(元)	1.20	1.20	1.20	1.20	1.32	1.32
每股未分配利润(元)	43.72	39.90	35.83	32.80	38.18	34.65
每股经营现金流(元)	1.85	11.06	6.72	3.76	0.17	12.19
销售毛利率(%)	93.21	92.59	92.66	93.10	93.20	92.90
存货周转率	0.04	0.17	0.13	0.08	0.04	0.20

图 7-35　贵州茅台财务数据示意图

从图 7-35 中可以看出,2014 年的净利润较 2013 年有不错的增长率,营业收入也保持良好的增长。

以 2014 年内各季度的数据为例,无论是净利润还是营业收入在各季度都呈现良好的分布和增长。

由此也说明了贵州茅台仍处于成熟期中,业绩并未出现滑坡。作为白酒行业的绝对龙头,贵州茅台的健康发展,自然也说明了白酒行业仍然处于健康发展中,是我国的特色行业,也是一门较为成熟的行业。

Fund
—— 手把手教你学基金投资 ——

第 8 章

货币基金与
指数基金投资技巧

近年来货币型基金的投资门槛越来越低，因此也得到了广大投资者的选择。越来越多的工薪阶层、白领等人群，养成了将资金转到货币型基金中，以赢取比银行利息更高的收益。而指数型基金则更为专业，风险更大，同时带来的收益也更高。

01
货币基金的
特点与风险

货币基金，具体名称为货币市场基金，是将募集而来的资金投资于货币市场中的短期有价证券的一种投资基金。其功能类似于银行活期存款，但收益却高于银行活期存款利率。

1. 货币基金的特点

货币市场基金为个人及企业提供了一种类似银行中短期存款，并且相对安全和稳定的投资方式。由此也可以看出，货币基金的收益比银行存款更高，是与银行存款一样的安全。

对于投资者而言，货币市场基金是所有基金中最简单的一种，具有很好的流通性，随时可以转入，随时也可以提取。这也是近年来逐渐热门起来的主要原因。

货币市场基金适合那些拥有一定的闲置资金，并且希望获得稳定增值机会的投资者。

具体来说有两类投资者群体更适合于货币市场基金：一是追求本金安全和高流动性并希望获取稳定收益，寻找合适的现金管理方式的投资者；二是将货币市场基金作为组合投资中的一个工具，为了达到优化组合和规避风险的投资者。

投资者需要注意的是，货币市场基金只有一种分红方式，就是红利再投资，即货币市场基金单位份额始终保持在 1 元，与流通货币面值保持一致，超过 1 元的收益会自动转化为基金份额。

中国证监会、中国人民银行颁布的《货币市场基金管理暂行规定》中提到，货币市场基金的投资范围有：现金；1 年以内的银行定期存款与大额存单；剩余期限 397 天以内的债券；期限在 1 年以内的债券回购；期限在 1 年以内的中央银行票据；中国证监会、中国人民银行认可的其他具有良好流动性的货币市场工具。

例如，近年来火爆起来的余额宝、理财通、活期宝等货币市场基金。这些产品依托于互联网的快速发展，为用户提供一键转入，一键转出的快捷理财服务。

如果投资者打算将闲置资金转入余额宝可以进行如下操作。

Step01 进入支付宝官方页面，单击"转入"按钮，即可一键转入。投资者也可以单击"转出"按钮，达到一键转出的效果。

Step02 投资者也可以在余额宝的主页面对其产品的近期收益率进行查看，如下图所示。

余额宝在发布之初，其收益率就处于非理性范围之内，高达 7% 以上。随着参与者越来越多，其收益率经过小幅上涨后开始回落。进入 2014 年后，快速跌破 7%，随后又跌破 6%。截至 2015 年 7 月份的数据，余额宝的收益率仅为 3.4%。可以说余额宝的发展历程，也是货币市场基金收益率回归理性的过程。

货币市场基金有其特点存在，经过总结可以得到五大特点，具体内容如图 8-1 所示。

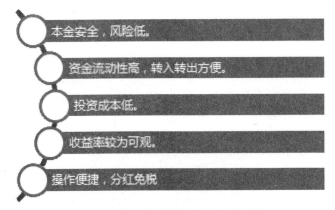

图 8-1　货币市场基金的五大特点

货币市场基金作为投资基金的一种，与其他类型的基金相比，有着风险小、成本低、流动性强的主要特点，适合将资金短期投资获取收益。例如，以备不时之需的投资者，是机构和个人有效的现金管理工具，其特点具体表述如下。

- **本金安全，风险低**：货币市场基金的投资对象为剩余期限在 1 年以内的国债、金融债、央行票据、债券回购等低风险证券产品。低风险的投资产品也就决定了货币市场基金在各类基金中风险是最低的，本金自然也就安全。货币市场工具的投资期限很多，平均期限一般在 4~6 个月，其价格也只受到市场利率的影响，因此也大大降低了货币市场基金的风险。

- **资金流动性高**：货币市场基金借助互联网与移动互联网的发展，申购与赎回完全可以在电脑或手机上进行，转入转出方便且不受时间限制，资金到账时间也快，流动性极高。投资者不受时间和日期的限制，可以随时根据需要进行份额转让。近年来，货币市场基金已经快速发展到转出即时到账，非常方便。

● **投资成本低**：货币市场基金不收取申购和赎回的费用，实现了投资的零成本，也使得更多的投资者愿意投资货币型基金。货币市场基金的管理费用也很低。以天弘增利宝货币基金为例，销售服务费率为 0.25%，基金管理费率为 0.3%，基金托管费率为 0.08%。而且与银行存款利息收入需要缴纳 20%的利息税相比，货币基金的收益免税。

2. 货币基金的风险

货币市场基金不得投资于剩余期限高于 397 天的债券，且投资组合的平均剩余期限不得超过 180 天，因此货币基金的风险还是较低的。

因此，近年来货币基金业成为基金市场的新宠，成为资金量最大的一类基金。

货币市场基金具有准储蓄的特色，即申购赎回方便快捷，并且享受税收优惠，与银行存款相比，不征收利息所得税，所以能持续的受到市场关注。

但是投资于货币基金并不是完全没有风险，且随着货币市场基金产品数量不断增加，各个基金管理人为了提高收益率来吸引投资者的眼球，可能会采取一些激进的投资策略，这使得投资货币市场基金的风险会不断加大。

货币市场基金不能保证本金不亏损，因为这是基金而不是银行存款，没有保本的承诺。在债市极度萧条的情况下，货币市场基金业有出现亏损的情况。

图 8-2 所示为货币市场基金将要面临的风险。

图 8-2　货币基金面临的风险

- **道德风险**：货币市场基金之所以存在风险，是因为它与银行存款有一定的区别。货币市场基金实质上是契约的组合，是多数投资者以集合出资的方式构成基金，由基金管理人运营基金资产。投资者在选择好基金管理人之后，不能直接参与和观察到基金管理人进行了什么样的具体投资操作，因此基金管理随时有出现道德风险的可能，即基金管理人在最大限度为自己谋取利益时，做出不利于广大基金投资者的行为，通常表现为挪用。

- **信用风险**：又称为违约风险，是指企业在债务到期时无力还本付息而产生的风险。多数的货币基金都是以货币市场上的短期信用工具为投资对象，其中商业票据占其基金组合的一定比例。企业发行的商业票据受其自身的发展、经营规模和业绩等因素的影响，他们所发行的商业票据信用程度也不一样。一旦公司经营恶化，就无法兑付这些商业票据，导致货币市场基金投资受损。

- **流动性风险**：流动性是指投资者将金融资产转换为现金的能力。对于货币基金而言，流动性是指基金经理人在面对赎回压力时，将其所持有的资产投资组合在市场中变现的能力。货币基金常面对两类流动性风险，一是所持有的资产在变现过程中由于价格的不确定性而可能遭受损失；二是现金不足，无法满足投资者的赎回要求。

- **经营风险**：虽然基金管理人都是专业的投资人，但基金管理人仍然避免不了投资决策失误的情况，基金内部控制等失灵的情况也偶尔有发生，可能会导致货币基金出现收益降低甚至亏损的情况。因此基金整体运营能力和研究人员的专业水平高低很大程度上决定着其风险的大小。

随着货币基金市场的发展，货币基金的收益率逐渐趋于合理。

2014 年春节过后，货币基金的收益一路下滑，稳定在 4% 左右，尤其是自 7 月份以来，余额宝的 7 日年化收益率就一直维持在 4.3% 以下，其规模也在三季度首次出现下滑。受余额宝规模下降影响，互联网"宝宝"类基金产品整体规模也由上半年的 7 888.63 亿元下降到 7 766.51 亿元。

对于该消息，基金公司的反应主要分为三派，一派是忧心忡忡，一派是静观其变，一派是寻找对策。

"一旦货币基金的收益率下滑，必将面临大面积赎回。那么，货币基金的时代也就结束了，基金公司的互联网金融进程也将受到影响。"上述为广东某基金公司内部人员说。

据申银万国的研报数据，截至 2014 年三季度末，非存款类金融机构在银行的同业存款为 10.3 万亿元。其中，约有总额为 1 万亿元货币基金和债基定存以同业存款的形式存放在银行。据静态测算，目前余额宝规模 5 349 亿元，80% 的存款配置，年化收益 4.12%，法定准备金利率 1.62%，缴纳准备金后收益率将下降约 40 个基点。

3. 货币基金的收益

货币市场基金的单位资产净值是固定不变的，基金单位始终保持在 1 元，这是与其他类型的基金区别较大的一点。

货币市场基金的分红方式是红利转投资，利用收益进行再投资，增加基金份额，可以让收益不断累积。

衡量和计算货币基金收益率高低主要靠两个指标，分别是每万份基金单位收益和 7 日年化收益率。

每万份基金单位收益是以人民币计价收益的绝对数，是从上次公告截止次日起至本次公告截止日期间所有自然日的收益合计数，1 年按当年实际天数计算的收益。每万份基金单位收益的计算公式如下。

$$每万份基金单位收益=\frac{基金收益总额}{基金份额总数}\times 10\,000$$

每万份基金单位收益越高，它反映出投资者每天可获得的真实收益越高。

图 8-3 所示为天弘增益宝货币市场基金的基本资料。

图 8-3　天弘增益宝基本资料

从图 8-3 中可以看出，该货币市场基金的每万份收益为 0.6945 元，即每万元每天可以获得 0.6945 元的收益。

7 日年化收益率是指货币基金过去 7 个交易日每万份基金份额净收益折合成的年收益率。例如 1 月 30 日的 7 日年化收益率，就是用 1 月 24 日～30 日连续 7 天的日收益进行平均,得出的日平均收益率再来乘以 365 天。

有了 7 日年化收益率这样的比较基准，市场中的各类货币市场基金的收入水平就能很直接的进行比较。

但是货币市场基金的每日收益情况都会随着基金管理人的投资操作和市场利率的波动而进行变化，在实战中不可能出现基金收益率保持 1 年时间不变的情况。

因此，7 日年化收益率只能当作一个短期指标来看，不能代表一只货币市场基金的实际收益。所以很多投资者在买入货币市场基金时，其 7 日年化收益率达到 6%，而在一段时间后发现，基金的收益连 5% 都不到，大多都有上当受骗的感觉。实际上，7 日年化收益率始终是处于变化中，这是常理。

图 8-4 所示为华夏现金增利货币 A/E 基金的基本情况示意图。

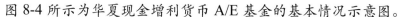
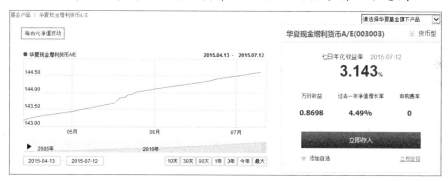

图 8-4　华夏现金增利货币 A/E 基本情况

从图 8-4 中可以看出，该基金产品的 7 日年化收益率为 3.143%，与市面上大多数货币市场基金的收益率保持一致，没有太明显的竞争优势。

02
选择货币
基金的技巧

货币基金的投资风险很小，收益比较银行存款略高，所以很多投资者在进行货币市场基金投资时，不注意投资技巧，从而错过了投资货币基金获取收益的时机。

1. 货币基金的投资策略

在欧美发达国家的家庭之中，货币基金很早以前就称为了家庭的主要投资理财工具，因为其低风险、高流动性的特点与家庭实际情况和需求完美契合。

我国的货币基金发展较晚，近年来市场上的货币市场基金同质化严重，各个产品之间没有太大的区别。所以投资者在选择基金时，就应格外注意投资策略。

货币市场基金的投资策略具体内容如图 8-5 所示。

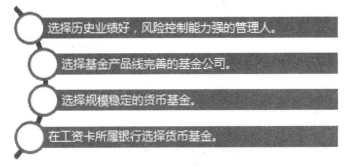

选择历史业绩好，风险控制能力强的管理人。

选择基金产品线完善的基金公司。

选择规模稳定的货币基金。

在工资卡所属银行选择货币基金。

图 8-5　货币基金的投资策略

- **选择历史业绩好，风险控制能力强的管理人**：投资者购买基金的特点之一就是由管理人代为管理投资者的资金，因此好的基金管理人对基金的获利情况有着直接影响。只有在保证资金安全的前提下，投资者才能获利，所以对于流动性强的货币市场基金而言，选择实力强大的基金公司和基金管理者是重中之重。

- **选择基金产品线完善的基金公司**：货币市场基金的特点决定了它不仅是良好的现金管理工具，也是投资风险更大的金融产品的避风港。在股市行情不好时，投资者可以将资金转为货币市场基金，规避风险；如果股票市场转好，投资者可以快捷方便地将货币基金转为股票型基金，所以选择产品线完善的基金公司，可以享受到各类基金间转换的便利。因为不同基金公司之间进行转换，会收取一定的手续费，浪费了投资者的资金。所以投资者在进行货币市场基金选择时，还应关注基金公司旗下其他基金的收益情况，方便随时进行基金转换。

- **选择规模稳定的货币基金**：货币市场基金的收益虽然与其规模大小没有直接关系，但是与规模的稳定性却有着较大的关系，规模不稳定的货币市场基金所蕴含的投资风险极大。

- **在工资卡所属银行选择货币基金**：货币基金最大的优势就在于其交易的便捷和流动性强，投资者可以将每月的工资扣除必要的支出以后，将剩余部分定投到货币市场基金中，享受比银行储蓄更高的收益。

2. 购买货币基金

随着互联网的发展，货币市场基金发展迅速，也更为开放。与其他类型的基金不同的是，现在购买货币基金不必开立基金账户，也可以进行申购。

Step01 以2015年以来逐渐热门的理财通为例，投资者可以进入理财通官网（http://qian.tenpay.com/）进行了解，再单击"扫码查看"按钮。

货币基金	最近七日年化收益率	万份收益(元)	理财期限	
⊙ 华夏基金财富宝	3.2010%	0.8335	随时存取	单击 ➤ 扫码查看
ⓗ 汇添富基金全额宝	4.0020%	0.8884	随时存取	扫码查看
◉ 广发基金天天红	3.7500%	1.2302	随时存取	扫码查看
▣ 易方达基金易理财	3.4800%	0.9480	随时存取	扫码查看

基金产品由各金融机构提供并进行投资管理；理财通仅提供平台服务，不参与投资，不承担投资风险；基金不等同于银行存款，基金产品有风险，投资需谨慎

Step02 在弹出的对话框中需要投资者用手机进行二维码扫描，投资者可以直接用微信或手机QQ进行扫描。

Step03 在扫描之后手机上弹出的页面中，可以直接选择买入，再填入投资者想购买的金额和支付方式，货币基金的购买就完成了。

余额宝的推出，拉开了互联网金融战争的大幕。自余额宝掀起滔天巨浪后，各家不甘示弱地纷纷推出自己的理财神器，但其中最有底气敢和余额宝叫嚣的还属微信理财通。

不少投资者都在余额宝与理财通之间徘徊，不知道应该如何选择。下面对这两类理财产品进行对比分析。

理财通：理财通无 PC 入口，微信客户端是唯一的操作入口。理财通继承了微信简洁的风格，用户体验更加方便快捷。

理财通资金购买步骤是：进入微信"我"→我的银行卡→理财通→购买→请输入金额→再次点击页面的"购买"→输入支付密码→完成"支付"即可。

在理财通的购买环节，用户只需要输入微信支付的 6 位数字密码，就可以完成支付。整个过程最耽误的时间不过就是收到 6 位数字的认证短信，2 分钟左右就可以完成整个购买环节。

转入资金最低为 0.01 元，由 PICC 提供赔付服务，保障账户资金安全。目前，理财通仅支持 12 家银行卡购买，其中，农业银行、中国银行、建设银行可以实现单笔最高 5 万元转入，单日 50 万元封顶，但招商、民生、兴业等银行单日单笔转入限额仅 5 000 元

理财通的转入转出都是实名银行卡操作，即购买时使用的银行卡将被默认为理财通安全卡，仅能使用该卡购买和赎回基金，不能转到别的银行卡中。

在安全性上，由于实名单张银行卡对接，理财通更强于余额宝。如果出现手机、账户被盗情况，理财通中的资金更不容易被盗。

余额宝转入最低金额为 1 元，由平安保险全额赔付。储蓄卡单笔购买金额限额为各银行卡本身网上支付限额。

余额购买单笔最高 999 999 元，每日无限额，余额宝账户最多存放 100 万元。由于依托支付宝的强大平台，余额宝可以和绝大多数银行实现对接。

余额宝转出至银行卡单笔限额 100 万元，每日限额 100 万元，每日最多可转出 3 次，每月无限额。转出到支付宝账户每日限额 5 万，每月限额 20 万。余额宝在手机客户端支持 2 小时到账，电脑客户端 24 小时到账。

在手机客户端操作中，余额宝整体赎回时间比理财通稍短。在金额限制方面，理财通不及余额宝灵活，一旦出现大额资金急用情况，理财通将无法满足用户取现要求。

支付宝有两种转出方式，转出到余额和银行卡。其中转出到银行卡，必须为账户所绑定的银行卡，也就是用户的个人卡中，这种风险很小。而转出到余额后，通过余额可以转移给任何支持的银行。

从 7 日年化收益率上来看，尽管每日都有波动，但余额宝和理财通收益并无明显区别，在投入资金额度较少的情况下，并无明显差异感。

03
指数
基金相关内容

指数基金，是指以指数成分股为投资对象的基金，以模仿目标指数，跟踪目标指数的变化为原则，实现与市场的同步发展。

1. 指数基金的五大优点

投资者购买指数基金，实际上就是通过购买一部分或全部的某指数所包含的成分股，从而构建出指数基金的投资组合，使该投资者组合的变动趋势与目标指数相一致，收益率与指数的涨幅相等。

指数基金是成熟的证券市场中不可或缺的一类基金，在运作上，它与其他投资基金一样。而它与其他投资基金的区别就在于，它跟踪股票和债券市场业绩，所遵循的投资策略偏向稳定。

指数型基金可以有效规避非系统风险，交易费用低廉和延迟纳税，并且还具有监控投入少操作简便的特点。

相对于其他类型的基金而言，指数型基金有自己独特的优势。因为指数基金是以跟踪目标指数变化，以投资成分股为对象的基金，因此，指数型基金具有费用低、分散投资、延迟纳税和业绩透明度高的优点。

- **费用低**：这是指数型基金最大、最为突出的优势。基金的基本费用有管理费用、交易成本和销售费用三个方面。由于指数型基金采取的是持有策略，不需要在投资过程中经常交易，因此费用远远低于积极管理的基金。尽管这点费用的差异，投资者看起来不太明显，但因为存在复利效应，所以这些费用对基金的收益也会产生巨大影响。

- **投资分散、规避风险**：指数型基金进行广泛的分散投资，因此任何单个股票的波动都不会对指数基金的整体表现造成太大影响，因此就达到了规避风险的效果。能够选择指数的成分股，都是各行各业的具有代表性的个股，经营业绩稳定，所以不会出现业绩地雷或黑天鹅等事件。可以说一定程度上指数型基金的风险是可以预测的，这也就降低了防范风险的难度。

- **延迟纳税**：指数基金采取的是购买并持有的策略，所持有股票的换手率很低，只有当一只股票从指数中剔除或者投资者要求赎回基金的时候，才会出手所持有的股票，因此投资者每年所需要交纳的资本利得税就很少。由于复利效应产生的作用，延迟纳税会给投资者带来很多好处，尤其在累计时间久了之后，复利效应就会更明显。

- **监管轻松**：指数型基金的整体投资操作是被动的，不需要进行主动的投资决策，因此基金管理人基本上不会投入太大的精力来监控。指数基金管理人的主要任务是监控基金对应指数的变化，从而保证指数型基金的组合构成与之相适应。因此相对于其他类型的基金，指数型基金的监控和管理要轻松许多。

- **业绩透明度高**：指数基金完全按照指数的构成原理进行投资，透明度很高。基金管理人不能根据自己的投资风格来买卖股票，这样也就不能把投资者的资金挪作他用，从而杜绝了基金管理人用不道德的行为损害投资者利益的行为。一些看得清市场趋势但看不准个股的投资者比较喜欢投资指数型基金。

指数型基金拥有诸多利于投资者投资获利的优势，同时也为投资者减少了很多烦恼，因此指数型基金逐渐受到广大投资者的青睐。

图 8-6 所示为华夏沪深 300ETF 指数型基金示意图。

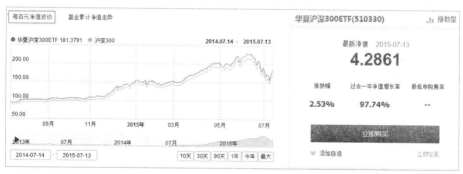

图 8-6　华夏沪深 300ETF 指数型基金

从图 8-6 中可以看出，2014 年 7 月 14 日至 2015 年 7 月 13 日，这一年时间内每百元净值的走势，过去一年的净值增长率达到了 97.74%。图 8-7 所示为华夏沪深 300ETF 指数基金的概况资料。

基金名称	华夏沪深300ETF	基金全称	华夏沪深300交易型开放式指数证券投资基金
基金代码	510330	基金类别	指数型
基金经理	张弘弢	成立时间	2012-12-25
托管银行	中国工商银行股份有限公司	首次募集规模	602 808 845份
最新基金规模	6 475 749 828.00份(2015-03-31)		
投资目标	紧密跟踪标的指数，追求跟踪偏离度和跟踪误差最小化。		
投资策略	本基金主要采用组合复制策略及适当的替代性策略以更好的跟踪标的指数，实现基金投资目标。		
业绩比较标准	本基金业绩比较基准为沪深300指数。		
风险收益特征	本基金属于股票基金，风险与收益高于混合基金、债券基金与货币市场基金。基金主要投资于标的指数成份股及备选成份股，在股票基金中属于较高风险、较高收益的产品。		

图 8-7　华夏沪深 300ETF 概况

通过概况可以看到该基金的规模、投资目标、业绩比较标准等信息。

2. 指数型基金分类

指数型基金按不同的标准分类，可以分为不同的类型。

■ 根据复制方式不同分类

按复制方式来说，可以分为完全复制指数型基金和增强指数型基金。

- **增强指数型基金**：在将大部分资产按照基准指数为权重配置的基础上，也用一部分资产进行积极主动的投资，其目标为在紧密跟踪基准指数的同时获得高于基准指数的收益。

图 8-8 所示为嘉实沪深 300 指数增强基金的概况。

沪深300指数增强　　沪深300指数增强　GO

对比　基金观察站　　嘉实网上后端收费买基，股票型申购费最高0.2%，甚至可0费率申购，点击购买！

产品概况　基金费率　历史净值　基金分红　销售文件　产品公告

基金代码	000176	单位净值	1.2183元（2015-07-13）	累计净值	1.2183元（2015-07-13）	涨跌幅	2.83%（2015-07-13）
成立时间	2014-12-26	申购状态	开放	赎回状态	开放	定投状态	开放
资产净值	7.12亿元（711,690,507.41元2015-03-31）			业绩基准	沪深300指数收益率×95%+银行活期存款利率（税后）×5%		

基金评价　数据来源：银河证券、招商证券、海通证券

招商评级（三年）	暂无	银河评级（三年）	暂无	海通评级（三年）	暂无
银河排名（三年）	暂无	银河排名（四年）	暂无	银河排名（五年）	暂无

图 8-8　嘉实沪深 300 指数增强基金

从嘉实沪深 300 指数增强基金的概况中可以看出其资产净值当日涨跌幅，申购状态等信息。

除概况中的信息之外，还有一项重要的信息，即该基金的投资目标是力争使日均跟踪偏离度的绝对值不超过 0.5%，年化跟踪误差不超过 7.75%，可见增强型指数基金并不完全追求与指数保持一致。

● **完全复制指数型基金**：力求按照目标指数的成分和权重进行投资配置，以最大限度地减小跟踪误差为目标。

图 8-9 所示为华夏上证 50ETF 指数型基金的示意图。从图中可以看出该基金的每百元净值走势，且在 2015 年 7 月 13 日当天的涨幅为-1%，过去一年的净值增长率为 96.21%。

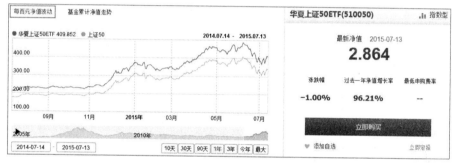

图 8-9　华夏上证 50ETF 指数型基金

图 8-10 所示为华夏上证 50ETF 基金的概况。从图中可以看出该基金的首次募集规模和最新基金规模、投资目标等重要信息。

基金名称	华夏上证50ETF	基金全称	上证50交易型开放式指数证券投资基金
基金代码	510050	基金类别	指数型
基金经理	方至	成立时间	2004-12-30
托管银行	中国工商银行股份有限公司	首次募集规模	5 435 331 306.00份
最新基金规模	10 526 566 757.00份 (2015-03-31)		
投资目标	紧密跟踪标的指数，追求跟踪偏离度和跟踪误差最小化。		
投资策略	本基金主要采取完全复制法，即完全按照标的指数的成份股组成及其权重构建基金股票投资组合，并根据标的指数成份股及其权重的变动而进行相应调整。但在因特殊情况（如流动性不足）导致无法获得足够数量的股票时，基金管理人将搭配使用其他合理方法进行适当的替代。		
业绩比较标准	本基金的业绩比较基准为"上证50指数"。		
风险收益特征	本基金属股票基金，风险与收益高于混合基金、债券基金与货币市场基金。本基金为指数型基金，采用完全复制策略，跟踪上证50指数，是股票基金中风险较低、收益中等的产品。		

图 8-10　华夏上证 50ETF 基金概况

■ 交易机制不同分类

按交易机制不同，可以分为封闭式指数型基金，开放式指数型基金，指数型 ETF 和指数型 LOF。

- **封闭式指数基金**：可以在二级市场中进行交易，但不能申购和赎回的指数型基金。

- **开放式指数型基金**：不能在二级市场中交易，但可以随时向基金公司申购和赎回。

- **指数型 ETF**：可以在二级市场中交易，也可以申购和赎回，但申购和赎回必须采取证券组合的形式。

- **指数型 LOF**：既可以在二级市场中交易，也可以申购和赎回。

3. 如何选择指数型基金

指数型基金是跟踪某个特定的指数，属于被动型投资。因此，投资者不用担心基金经理的变更，或者是投资策略上的失误，对基金收益造成的影响。所以在选择指数型基金之前，投资者也不用花太多的时间去了解基金公司和基金经理。

随着指数型基金的发展，其所跟踪的目标指数也越来越多元化，不在仅仅局限于国内沪深两市，或者香港股市，而是遍布全球。

如何选择指数型基金，投资者需要做好以下几点。

■ 了解基金跟踪的指数

基金跟踪的指数很大程度上决定了基金的风险和收益特征，通过考察指数在不同情况下的表现，投资者可以大概预测指数基金的表现。在跟踪的指数一定时，跟踪误差越小，其跟踪效果也更好。

图 8-11 所示为 2015 年 7 月 14 日按涨幅从高到低排列的指数型基金前十一位。

序号	基金代码	基金简称	2018-07-14		2018-07-13		日涨跌幅	今年回报	晨星三年评级 2015-06-26	申购状态	赎回状态	费率	手续费
			基金净值	累计净值	基金净值	累计净值							
1	161726	招商生物医药指数（吧）	1.1760	0.7470	1.1080	0.7040	6.14%	0.00%	★★	开放	开放	—	暂无代销
2	502038	大成互联网金融指数B（吧）	0.9738	0.9738	0.9200	0.9200	5.85%	0.00%	--	开放	开放	—	暂无代销
3	165522	信诚中证TMT指数（吧）	1.0560	1.6420	0.9980	1.6080	6.71%	10.47%	★★	开放	开放	—	暂无代销
4	163115	申万中证军工指数（吧）	1.1758	1.8522	1.1256	1.8020	4.46%	37.49%	★★	开放	开放	0.6%	购买 定投
5	161122	易方达生物分级（吧）	1.1412	0.7206	1.0943	0.6910	4.29%	0.00%	★★	开放	开放	—	暂无代销
6	320022	诺安中小板ETF联接（吧）	0.8550	1.4850	0.8200	1.4250	4.27%	16.33%	★★	开放	开放	0.6%	购买 定投
7	512220	景顺中证TMT150（吧）	1.7553	1.7553	1.6836	1.6836	4.26%	59.59%	★★	开放	开放	—	暂无代销
8	161123	易方达重组分级（吧）	1.0742	0.6271	1.0338	0.6035	3.91%	0.00%	★★	开放	开放	—	暂无代销
9	217019	招商TMT50联接（吧）	1.8660	1.8680	1.7990	1.7990	3.64%	55.26%	★★★★	开放	开放	0.6%	购买 定投
10	159939	广发全指信息技术ETF（吧）	1.3770	1.3770	1.3280	1.3280	3.69%	0.00%	★★	开放	开放	—	暂无代销
11	160630	鹏华中证国防指数（吧）	0.8300	1.3530	0.8010	1.3240	3.62%	27.42%	★★	开放	开放	0.6%	购买 定投

图 8-11　指数型基金排行

在 7 月 14 日当天的排行中，排行前列的分别是医药、互联网金融、军工、重组、信息技术等板块指数，由此可见跟踪某个单一行业指数的基金涨幅比跟踪某大盘指数更大。

投资者在进行基金投资之前，可以先分析自己最熟悉的行业，或者选择某一个自己看好的行业进行了解分析，做出理性判断后，再对该行业的指数型基金进行购买。

当日投资者也可以选择购买跟踪国外股票市场指数的基金，例如跟踪美国纳斯达克指数的有大成纳斯达克 100 指数型基金、华安纳斯达克 100 指数型基金、广发纳斯达克 100 指数型基金等。

■ 了解基金指数化投资的比例

指数基金市场的发展，让国内不少的指数基金向增强型指数基金变化，在进行跟踪目标指数的投资以外，还会进行适当的主动投资，而不再是简单复制指数的走势。

增强型指数基金会受跟踪指数以外的因素影响，如基金经理的投资策略，择时能力等。只有充分地了解指数基金的主动投资部分占整个基金资产的比例，投资者才能充分地了解基金的风险。

图 8-12 所示为景顺长城沪深 300 指数基金的概况示意图。

基金名称	景顺长城沪深300	基金代码	000311
投资类型	指数型	投资风格	股票型
首次募集规模	382141978.85	最新基金规模	439208557.06
成立日期	2013-10-29	基金经理	黎海威
基金托管人	中国农业银行	基金管理人	景顺长城基金管理有限公司
会计师事务所	安永华明会计师事务所(特殊普通合伙)	律师事务所	上海市通力律师事务所
投资目标	本基金为增强型指数基金,在力求有效跟踪标的指数,控制本基金的净值增长率与业绩比较基准之间的日均跟踪偏离度的绝对值不超过0.5%,年跟踪误差不超过7.75%的基础上,结合量化方法追求超越标的指数的业绩水平。 (1)股票投资比例范围为基金资产的90%~95%,投资标的指数成分股及其备选成分股的比例不低于非现金基金资产的80%; (2)本基金持有一家上市公司的股票,其市值不超过基金资产净值的10%; (3)本基金管理人管理的全部基金持有一家公司发行的证券,不超过该证券的10%; (4)本基金持有的全部权证,其市值不得超过基金资产净值的3%; (5)本基金管理人管理的全部基金持有的同一权证,不得超过该权证的10%; (6)本基金在任何交易日买入权证的总金额,不得超过上一交易日基金资产净值的0.5%; (7)本基金投资于同一原始权益人的各类资产支持证券的比例,不得超过基金资产净值的10%; (8)本基金持有的全部资产支持证券,其市值不得超过基金资产净值的20%;

图 8-12　景顺长城沪深 300 指数基金概况

从基金的概况中可以看出该基金为增强型指数基金,在力求有效跟踪标的指数,控制基金的净值增长率与业绩比较基准之间的日均跟踪偏离度的绝对值不超过 0.5%,年跟踪误差不超过 7.75% 的基础上,结合量化方法追求超越标的指数的业绩水平。

孤立地观察增强型指数基金的收益水平,无法判断其高低。投资者在进行基金选择时应将其与目标指数的涨跌幅度进行比较。

图 8-13 所示为景顺长城沪深 300 增强型指数基金与沪深 300 及其他指数的涨跌幅度对比图。

名称	近1周	近1月	近3月	近6月	近1年	近2年	近3年	今年来
景顺长城沪深300	5.77%	-20.68%	-6.01%	22.85%	94.84%	--	--	22.22%
上证综指	-0.85%	-15.59%	-5.24%	6.82%	92.06%	89.33%	86.68%	7.22%
沪深300	4.69%	-21.24%	-6.13%	14.10%	89.82%	89.82%	76.05%	12.92%
和讯基指	-0.49%	0.05%	5.61%	21.82%	40.06%	120.5%	234.33%	21.82%
上证基指	4.78%	-16.44%	-5.11%	11.42%	65.52%	66.98%	72.31%	10.61%

图 8-13　景顺长城沪深 300 涨跌幅对比

从图 8-13 中可以看出,在 2015 年以来,沪深 300 指数的涨幅为 12.92%,而景顺长城沪深 300 增强型指数基金的涨幅为 22.22%,比目标指数的涨幅高出 9.3%。

虽然图 8-13 的内容都显示出,增强型指数基金比目标指数涨幅更大，跌幅更小，但投资者在了解到收益的同时，也应该领悟到带来收益的同时面临的风险。

■ 投资时间的选择

投资指数型基金对投资时间非常有讲究，当大盘指数处于单边下跌时，肯定不是买入时机；当大盘指数处于上涨通道中，肯定不宜在此时赎回。

指数型基金在股市下跌和震荡时几乎没有任何可以抵抗风险的能力，因为基金资产的 90% 以上都用来购买股票，因此投资时间成为投资者唯一可以控制风险的途径。

图 8-14 所示为上证 180 指数 2014 年 10 月至 2015 年 7 月的 K 线走势图。

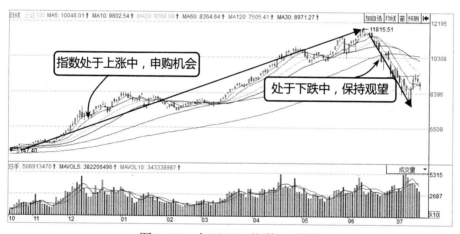

图 8-14　上证 180 指数 K 线图

从图 8-14 可以看出上证 180 指数的走势，在 2014 年 10 月至 2015 年 6 月不超过 1 年的时间里，指数整体处于上涨中，是基金投资者买入指数型基金的机会。

进入 2015 年 6 月之后，上证 180 指数开始剧烈下跌，未持有指数基金的投资者应保持观望；持有指数型基金的投资者应及时赎回，保存前期的收益。

04
操作指数型
基金的技巧

> 投资指数型基金，要一看指数，二看比例，三看时间，只有将影响投资的各个方面都考虑到，才能帮助投资者尽量规避风险，从而更好地实现预期的投资获利目标。

1. 指数型基金的交易技巧

指数型基金的特点，决定了其在单边的上涨行情中能够充分表现出自身的优势。此外，在投资周期很长的情况下，其优势也会随着时间的累计而体现出来的。

因此投资指数型基金比较适合的方式是坚持 3 年甚至更长的时间长期持有。

■ 了解基金公司实力

在选择任何基金时，投资者首要关心的就是基金公司的实力，指数基金也不能例外。

虽然指数型基金属于被动型投资，基金公司与基金经理不需要像管理股票型基金一样进行复杂的投资操作，但并不意味这每家基金公司旗下的指数型基金都是一样的。

跟踪目标指数是一个复杂的过程，因为每只成分股的权重不一样，需要精密的计算和严谨的操作流程来实现最终的指数复制。市场上跟踪同一指数的基金其净值增长率也有所差距。

如汇添富沪深 300 指数型基金 2015 年 1 月 1 日至 7 月 14 日的涨幅

为 20.46%；同期的华夏沪深 300 指数型基金的涨幅为 17.47%，而同期的沪深 300 指数涨幅为 12.92%，显然汇添富的指数基金在收益率上优于华夏指数型基金。

产生这种差距的原因之一，就是基金公司跟踪目标指数能力上的差距。投资者在选择指数型基金时，应该对基金公司的实力进行简单了解，判断基金公司是否值得托付。

图 8-15 所示为截至 2015 年中国基金公司基金规模排行榜示意图。

排名	基金公司名称	成立时间	基金数	管理基金规模	评级	总经理
1	天弘基金	2004/11/8	28	5897.97亿元	暂无评级	郭树强
2	华夏基金	1998/4/9	64	3121.05亿元	★★★	滕天鸣
3	工银瑞信基金	2005/6/21	74	2541.09亿元	暂无评级	郭特华
4	嘉实基金	1999/3/25	85	2454.19亿元	★★★★	赵学军
5	易方达基金	2001/4/17	90	2085.24亿元	★★★	刘晓艳
6	南方基金	1998/3/6	79	1950.82亿元	★★★★	杨小松
7	中银基金	2004/8/12	57	1609.56亿元	★★★★	李道滨
8	广发基金	2003/8/5	79	1270.61亿元	★★★	林传辉
9	建信基金	2005/9/19	65	1211.32亿元	★★★★	孙志晨
10	招商基金	2002/12/27	67	1158.06亿元	暂无评级	许小松
11	汇添富基金	2005/2/3	74	1150.67亿元	★★★★★	林利军
12	博时基金	1998/7/13	72	1131.59亿元	★★★	吴姚东
13	上投摩根基金	2004/5/12	53	1044.67亿元	★★★★	章硕麟
14	富国基金	1999/4/13	79	950.31亿元	★★★★	陈戈
15	银华基金	2001/5/28	75	950.22亿元	★★★	王立新
16	兴业全球基金	2003/9/30	16	913.97亿元	★★★★★	杨东
17	华安基金	1998/6/4	75	854.62亿元	★★★	朱学华(代)
18	大成基金	1999/4/12	61	718.44亿元	★★★	罗登攀
19	鹏华基金	1998/12/22	78	688.39亿元	★★★	邓召明
20	诺安基金	2003/12/9	48	652.71亿元	★★★	奥成文

图 8-15　2015 年中国基金公司按基金规模排行

从图 8-15 中可以看出，天弘基金一枝独秀，基金规模大幅领先第一名，拉开差距的原因则是旗下的余额宝等货币基金带来的大量基金资产。

■ 了解基金费用

与股票型基金相比，指数型基金的优势之一就是费用低廉。但是不同的指数型基金，其低廉程度也有所区别。

投资者需要关注的指数型基金费用主要有两方面，即申购费和赎回费。申购费通常存在前端收费和后端收费的区别，不同指数基金跟踪不同的目标指数，其申购费率也会有一定的不同，同时也会影响到赎回费的区别。

图 8-16 所示为华夏沪深 300 指数基金的基金费率示意图，包括了申购费和赎回费。

序号	一般费率(%)	养老金费率(%)	费率类型	费率金额	币种	持有期限
1	1.0		认购前端	<100万	人民币	
2	0.8		认购前端	>=100万, <500万	人民币	
3	0.5		认购前端	>=500万, <1000万	人民币	
4	1000元/笔		认购前端	>=1000万	人民币	
5	1.2		申购前端	<100万	人民币	
6	0.9		申购前端	>=100万, <500万	人民币	
7	0.6		申购前端	>=500万, <1000万	人民币	
8	1000元/笔		申购前端	>=1000万	人民币	
9	0.5		赎回		人民币	<1年
10	0		赎回		人民币	>=1年

华夏沪深300指数(000051)基金费率   放入收藏夹

图 8-16 华夏沪深 300 指数基金费率

从图 8-16 中可以看出，在持有基金大于等于 1 年后，赎回基金是免费的，而持有时间小于 1 年，则需要支付 0.5%的赎回费，由此可以看出基金公司也在呼吁投资者坚持长期持有。

从认购和申购费率来看，华夏沪深 300 指数型基金都只支持前端收费。而多数投资者的申购份额都低于 100 万元，因此需要承担的申购费率为 1.2%。

图 8-17 所示为华夏中小板指数型基金的基金费率示意图。

序号	一般费率(%)	养老金费率(%)	费率类型	费率金额	币种	持有期限
1	1		认购	<100万	人民币	
2	0.8		认购	>=100万, <500万	人民币	
3	0.5		认购	>=500万, <1000万	人民币	
4	500元/笔		认购	>=1000万	人民币	
5	1.5		申购前端	<100万	人民币	
6	1.2		申购前端	>=100万, <500万	人民币	
7	0.8		认购前端	>=500万, <1000万	人民币	
8	500元/笔		申购前端	>=1000万	人民币	
9	0.5		赎回		人民币	

华夏中小板(159902)基金费率   放入收藏夹

图 8-17 华夏中小板基金费率

与华夏沪深 300 指数型基金的费率相比，华夏中小板指数基金的费率都要高出一些。

低于 100 万元的申购费率达到 1.5%，比华夏沪深 300 指数基金高

0.3%。而且，华夏中小板指数基金在任何时间赎回都要承担0.5%的赎回费，与持有时间无关。

但是对于申购金额特别大，即高于1 000万元的投资者而言，华夏中小板指数基金的申购赎回费要便宜50%。

2. 三个投资技巧

指数型基金并非看起来那么完美，其仍然存在自身的特点和局限性，所以投资者应该根据其特性和当前行情的特点进行操作，否则很难取得理想的收益，失败的指数型基金投资收益甚至不如货币基金。

首先，指数型基金是一种趋势性的投资产品，不存在做空机制，所以只有在指数上涨趋势中才能取得较好的收益，这也是投资者进行买入和持有的前提条件。因此，指数型基金只有在确定行情已经处于且将长期处于上涨中的前提下，才适合买入并长期持有。

其次，投资者虽然可以进行指数型基金的低买高卖的波段操作，但这种操作方式只适合在中线范围内才能取得一定的效果，且在基金费率较高时，效果并不会太好。

无论是封闭式基金还是ETF，又或者是LOF，都因为各种原因，不适合进行短线操作。因此，指数型基金的第二个投资技巧就是买入并长期持有。在行情较好的前提下，长期持有的收益率肯定会高于短线操作。

最后，在投资者买入并持有指数型基金的过程中，应该保证一定的关注度，在行情趋势发生反转的情况下，及时赎回可以保证获得大部分的投资收益。

投资者不应该在买入基金之后就将其抛到脑后，一年看一次，甚至几年看一次，这样会错过绝佳的赎回时间。这些都是投资指数型基金过程中应该避免的行为。

3. 指数型基金的风险

指数型基金以控制跟踪指数误差为投资目标，其收益率与标的指数共同增长。那么应该如何衡量指数型基金的风险呢？

虽然指数型基金通过一定的投资组合避免了非系统性的投资风险和主动投资产生的决策错误风险。但是不能因此说指数型基金的风险小于其他类型的基金。

指数型基金最大的风险在于系统性风险，而系统性风险是不可以通过分散投资来完全消除的。当市场行情趋坏时，主动投资型基金可以通过更改资金配置来削弱系统风险带来的损失，而指数型基金的投资配置是无法更改的，只能跟随市场趋势的变化而变化。

系统性风险主要是由政治、经济和社会环境等宏观因素造成的，其事件本身就会对股票市场造成不利影响，而最直接的影响往往是那些指数的成分股。

因此在某种意义上来说，指数型基金的风险反而会比主动型投资基金更大。作为一种中长线的投资产品，在股市不明朗时，投资者投资指数型基金需要格外注意风险。

投资者对于不可消除的系统性风险应该在投资之初就对其认识并提高警惕，当市场的整体趋势出现大幅度的上涨，成交量不断创新高的时候，也是投资者涌进市场的时候，而此时正是投资者忽视风险的时候，要知道这种股市过热之后，就极有可能是系统性风险出现的前兆。

总而言之，是投资就会有风险，且风险和收益是成正比的。投资者应根据自己的实际情况进行适当的投资，指数型基金比较适合具备一定市场分析能力的投资者进行买入。

Fund

Fund
—— 手把手教你学基金投资 ——

第 9 章

投资 LOF 基金
与 ETF 基金

LOF 基金与 ETF 基金是普通投资者接触的比较少的两类基金，但是近年来却受到了
不少经验丰富的投资者青睐。那么 LOF 基金和 ETF 基金到底有什么样的优势，能让
投资者趋之若鹜，一起去了解他们。

01
认识 LOF 基金与
ETF 基金

> LOF 基金的全称是 List Open-Ended Fund，即上市开放基金。ETF 基金的全称是 Exchange-Traded Fund，即交易所交易基金。两者有一定的相似性，也存在着区别。

1. 什么是 LOF 基金

LOF 基金，全称为上市型开放式基金，也就是上市型开放式基金发行结束后，投资者既可以在指定网点申购与赎回基金份额，也可以在交易所买卖该基金。

不过投资者如果是在指定网点申购的基金份额，想要上网抛出，须办理一定的转托管手续。同样，如果是在交易所网上买进的基金份额，想要在指定网点赎回，也要办理一定的转托管手续。

截至 2015 年 7 月，市场中较为出色的 LOF 基金有：大摩资源优选 LOF 基金、大成中小盘股票、国投瑞银新丝路、南方高增长、国泰价值经典、大成产业升级等。

一般的开放式基金场外交易采用未知价交易，T+1 日交易确认，申购的份额 T+2 日才能赎回，赎回的金额 T+3 日才从基金公司划出，需要经过托管银行、代销商划转，投资者最迟 T+7 日才能收到赎回款。

LOF 基金增加了开放式基金的场内交易，买入的基金份额 T+1 日可以卖出，卖出的基金款如果参照证券交易结算的方式，当日就可用，T+1 日可提现金，与场外交易比较，买入比申购提前 1 日，卖出比赎回最多提前 6 日。减少了交易费用和加快了交易速度直接的效果是基金成为资金的缓冲区。

总结出来，LOF 基金的特点主要有 3 个，具体内容如图 9-1 所示。

LOF 基金本质上仍是开放式基金，基金份额总额不固定，基金份额可以在基金合同约定的时间和场所申购、赎回。

LOF 基金发售结合了银行等代销机构与深交所交易网络二者的销售优势。银行等代销机构网点仍沿用现行的营业柜台销售方式，深交所交易系统则采用通行的新股上网定价发行方式。

LOF 基金获准在深交所上市交易后，投资者既可以选择在银行等代销机构按当日收市的基金份额净值申购、赎回基金份额，也可以选择在深交所会员证券营业部按撮合成交价买卖基金份额

图 9-1　LOF 基金的特点

投资者要想查看 LOF 基金的实时行情信息，其实很方便，与查看股票行情是完全一样的。

Step01 进入同花顺行情软件中，在页面下方单击"基金"选项卡，在弹出的下拉菜单栏中选择"lofs板块"选项。

序号	代码	名称	涨幅%	现价	涨跌	涨速%	DDE净量	总手	换手%	量比	所属行业	现手	开盘
1	600000	浦发银行	-0.64	16.96	-0.11	+0.00	0.09	181.4万	1.22	0.41	银行	23	17.07
2	600004	白云机场	+4.72	13.97	+0.63	+0.07	0.11	16.51万	1.44	0.81	机场航运	2	13.34
3	600005	武钢股份	+1.08	4.66	+0.05	+0.22	-0.05	223.5万	2.21	0.55	钢铁	78	4.61
4	600006	东风汽车	+2.31	8.40	+0.19	+0.00	0.15	44.79万	2.24	0.66	汽车整车	4	8.21
5	600007	中国国贸	+4.08	13.02	+0.51	+0.23	0.05	10.32万	1.02	0.63	房地产开发	10	12.31
6	600008	首创股份	+2.82	10.56	+0.29	+0.57	0.12	95.41万	4.34	1.06	燃气水务	1038	10.20
7	600009	上海机场	+3.62	28.03	+0.98	-0.18	0.15	23.22万	2.12	0.50	机场航运	7	27.06
8	600010	包钢股份	-0.19	5.16	-0.01	-0.19	0.17	311.7万	1.98	0.44	钢铁	134	5.17
9	600011	华能国际	+2.04	10.48	+0.21	+0.10	0.05	71.15万	0.678	0.42	电力	123	10.27
10	600012	皖通高速	+1.86	10.95	+0.20	+1.48	0.12	19.29万	1.65	0.62	公路铁路…	117	9.70
11	600015	华夏银行	-1.97	12.93	-0.26	+0.15	0.19	118.6万	1.52	0.50	银行	1140	13.19
12	600016	民生银行	-2.49	9.80	-0.25	+0.31	-0.04	404.8万	1.37	0.42	银行	159	10.05
13	600017	日照港	+0.99	7.17	+0.07	+0.00	-0.28	102.7万	3.34	1.14	港口航运	518	6.88
14	600018	上港集团	+0.73	8.23	+0.06	-0.12	0.08	182.8万	0.803	0.60	港口航运	248	8.17
15	600019	宝钢股份	+1.97	7.23	+0.14	+0.00	0.10	12			钢铁	46	7.09
16	600020	中原高速	+2.34	5.69	+0.13	+0.18	0.09	56			公路铁路…	115	5.34
17	600021	上海电力	+0.70	18.63	+0.13	+0.11	-0.57	76			电力	11	17.96
18	600022	山东钢铁	+2.28	4.04	+0.09	+0.25	0.01	13				123	3.71

沪深封闭基金／上海封闭基金／深圳封闭基金／ETF基金／lofs板块　②选择

①单击

沪深A股　中小板　创业板　自选股　自定义　概念　地域　基金

沪823.18 +17.47+0.46%　5699亿　深 2357.61 +225.19+1.86%　27.08 +37.05+1.43%　1319亿　恒生指数 5162.78+107.02 +0.43%

Step02 在显示出的lofs板块页面，默认按照基金代码排序，投资者可以单击"涨幅"、"现价"等选项卡，进行自定义排序。

还原	代码	单击	涨幅%	现价	涨跌	涨速%	DDE净量	总手	换手%	量比	所属行业	现手	开盘
1	160105		+0.94	1.718	+0.016	+0.35	—	2102	0.808	0.28	—	508 ↓	1.620
2	160106 南方高增		-0.53	2.065	-0.011	+0.00	—	15800	2.32	0.82	—	2 ↑	2.022
3	160119 南方500		+0.75	1.747	+0.013	+0.00	—	26423	5.27	0.79	—	248 ↑	1.649
4	160123 南方50债		-0.09	1.145	-0.001	+0.00	—	451	3.38	0.67	—	3 ↓	1.148
5	160125 南方香港		+2.33	1.012	+0.023	+0.10	—	63.37万	25.74	0.72	—	3747 ↓	0.991
6	160128 南方金利		+0.78	1.035	+0.008	+0.00	—	3848	1.04	0.77	—	1 ↑	1.022
7	160130 南方永利		+1.58	1.095	+0.017	+0.18	—	916	1.03	0.22	—	300 ↑	1.022
8	160131 南方聚利		-1.04	1.138	-0.012	+0.00	—	716	4.26	0.44	—	25 ↑	1.150
9	160133 南方天元		+3.64	1.680	+0.059	+0.00	—	11226	0.285	0.32	—	100 ↓	1.555
10	160211 国泰小盘		-1.16	2.040	-0.024	+0.00	—	2095	0.552	0.39	—	58 ↓	1.920
11	160212 国泰估值		+5.14	1.535	+0.075	+0.00	—	287	0.230	0.11	—	74 ↑	1.489
12	160215 国泰价值		-4.65	1.415	-0.069	+0.00	—	78	0.060	0.02	—	29 ↓	1.350
13	160216 国泰商品		-1.00	0.594	-0.006	+0.00	—	9220	0.950	0.31	—	171 ↑	0.599
14	160220 国泰民益		+0.00	1.240	+0.000	+0.00	—	30.81万	1.87	0.24	—	186 ↑	1.240
15	160311 华夏蓝筹		+2.59	1.387	+0.035	+0.00	—	32219	1.37	0.34	—	68 ↓	1.332
16	160314 华夏行业		+3.27	1.358	+0.043	+0.00	—	19213	1.45	0.50	—	41 ↓	1.315
17	160415 华安S300		+2.14	1.527	+0.032	+2.83	—	57	0.278	0.18	—	1 ↑	1.408
18	160416 华安石油		-0.69	0.868	-0.006	+0.12	—	52622	3.80	0.21	—	473 ↓	0.867

2. 什么是 ETF 基金

ETF 基金是指交易所交易基金，一般将其称为交易型开放式指数基金。ETF 是可以在基金所交易的开放式基金，投资者可以在场外申购和赎回 ETF 基金，也可以在二级市场中买卖 ETF 基金。

交易 ETF 基金与交易股票类似，如果投资者已经开立股票账户，不用重新开立账户即可进行交易。

与股票一样，ETF 基金的 100 个基金单位为 1 手，涨跌幅度同样被限制在每天 10%。ETF 基金跟踪某一目标指数，该指数就是 ETF 的标的指数。

ETF 基金最大的特点便是实物申购、实物赎回。为了使 ETF 基金的价格能够更直观地反映目标指数，所以通常将 ETF 基金的净值与指数联系在一起，主要方式是将 ETF 基金净值设置为指数的某一百分比。

例如，沪深 300 指数 ETF 基金的净值设置为沪深 300 指数的千分之一，当沪深 300 指数为 4 000 点时，沪深 300 指数 ETF 基金的净值就为 4.00 元，当沪深 300 指数上涨或下跌 10 点时，沪深 300 指数 ETF 基金的净值就上涨或下跌 0.01 元。

Step01 进入同花顺行情软件中，在页面下方单击"基金"选项卡，在弹出的下拉菜单栏中选择"ETF基金"选项。

还原	代码 名称	涨幅%	现价	涨跌	涨速%	DDE净量	总手	换手%	量比	所属行业	现手	开盘
1	159901 深100ETF	+5.67	4.924	+0.264	+0.29	—	80.54万	6.19	1.09	—	3116↑	4.704
2	159902 中小板	+8.44	4.149	+0.323	+0.19	—	105.5万	14.28	1.52	—	11485↓	3.842
3	159903 深成ETF	+6.14	1.348	+0.078	+0.15	—	18.57万	2.83	0.40	—	2172↑	1.279
4	159905 深红利	+5.19	1.257	+0.062	+0.16	—	25.25万	9.68	0.95	—	14↑	1.220
5	159906 深成长	+5.76	1.193	+0.065	+0.00	—	6552	0.296	1.12	—	15↓	1.136
6	159907 中小300	+6.11	1.703	+0.098	+0.00	—	18546	1.13	0.53	—	85↓	1.578
7	159908 深F200	+3.18	1.329	+0.041	+0.00	—	692	0.186	0.13	—	9↓	1.260
8	159909 深TMT	+7.08	7.050	+0.466	+0.00	—	899	0.920	0.59	—	10↓	6.583
9	159910 深F120	+1.45	1.403	+0.020	+0.00	—	2522	0.328	0.32	—	9↓	1.269
10	159911 民营ETF	+7.25	5.590	+0.378	+0.00	—	2424	1.76	1.90	—	1↓	5.025
11	159912 深300ETF	+8.12	1.597	+0.120	+0.38	—	27552	3.45	0.37	—	290↓	1.432
12	159913 深价值	+3.05	1.587	+0.047	+0.00	—	2212	0.511	0.15	—	5↓	1.539
13	159915 创业板	+8.00	2.688	+0.199	+0.11	—	615.3万	51.12	2.13	—	43723↑	2.515
14	159916 深F60	+4.17	2.749	+0.110	+1.33	—	731	0.203	0.53	—	1↓	2.568
15	159917 中小成长	+7.91	1.923	+0.141	+0.00	—					70↓	1.840
16	159918 中创400	+5.80	2.716	+0.149	+0.00	—					19↓	2.567
17	159919 300ETF	+4.26	4.311	+0.176	+0.00	②选择					7572↓	4.140
18	159920 恒生ETF	+3.04	1.186	+0.	①单击	ETF基金					3879↓	1.158

沪深 中小板 创业板 自选股 自定义 概念 地域 ETF基金

Step02 在ETF基金页面，单击"涨幅选项卡"，即可将ETF基金按当天的涨幅从大到小排行。

还原	代码 名称	涨幅%↓	现价	涨跌	涨速%	DDE净量	总手	换手%	量比	所属行业	现手	开盘
1	159939 单击	+9.07	1.491	+0.124	-0.07	—	39.98万	9.28	0.93	—	4437↑	1.364
2	510510 广发500	+8.73	2.267	+0.182	+0.00	—	30.94万	3.50	1.45	—	30↓	2.100
3	159902 中小板	+8.44	4.149	+0.323	+0.19	—	105.5万	14.28	1.52	—	11485↓	3.842
4	159912 深300ETF	+8.12	1.597	+0.120	+0.38	—	27552	3.45	0.37	—	290↓	1.432
5	159915 创业板	+8.00	2.688	+0.199	+0.11	—	615.3万	51.12	2.13	—	43723↓	2.515
6	510190 龙头ETF	+7.94	4.188	+0.308	+0.48	—	95156	19.42	3.32	—	33↑	4.070
7	159917 中小成长	+7.91	1.923	+0.141	+0.00	—	10618	5.86	0.57	—	70↓	1.840
8	159935 景顺500	+7.86	2.071	+0.151	+0.00	—	5224	1.83	1.11	—	10↓	1.965
9	510220 中小ETF	+7.62	4.985	+0.353	+0.32	—	7381	5.68	0.22	—	40↓	4.633
10	510290 380ETF	+7.61	1.839	+0.130	+0.27	—	86.54万	41.21	1.87	—	10↑	1.720
11	159911 民营ETF	+7.25	5.590	+0.378	+0.00	—	2424	1.76	1.90	—	1↓	5.025
12	159909 深TMT	+7.08	7.050	+0.466	+0.00	—	899	0.920	0.59	—	10↓	6.583
13	159922 500ETF	+7.00	7.547	+0.494	+0.05	—	60618	3.75	0.59	—	158↓	7.061
14	510520 诺安500	+6.73	1.888	+0.119	+1.02	—	3184	3.54	0.75	—	1↑	1.764
15	159938 广发医药	+6.46	1.548	+0.094	+0.00	—	54064	0.893	0.61	—	1502↓	1.431
16	159927 A300ETF	+6.43	4.140	+0.250	+3.37	—	2228	1.83	1.04	—	31↓	3.996
17	510500 500ETF	+6.42	8.077	+0.487	+0.01	—	61.02万	2.51	0.43	—	10↓	7.660
18	500058 基金银丰	+6.35	1.257	+0.075	+0.08	—	61.18万	2.06	0.76	—	126↓	1.198

沪深 中小板 创业板 自选股 自定义 概念 地域 行业 指标股 ETF基金 港股

投资者进行申购和赎回ETF基金的要求比较高，通常为基本基金单位的100万份，即当前净值为2.267元的广发500，进行申购和赎回需要的资金为226.7万元。

上海证券交易所ETF基金交易规则。

交易时间：上海证券交易所的开市时间（周一至周五的上午9:30~11:30和下午1:00~3:00，节假日除外）。

交易方式：在交易日的交易时间通过任何一家证券公司委托下单。

交易单位：100份基金份额为1手，并使用大宗交易的相关规定。

交易价格：15 秒更新一次基金净值，是跟踪指数的一定百分比，通常为千分之一。

价格最小变动单位：0.001 元。

涨跌幅度限制：10%。

交易费用：无印花税，佣金不高于成交金额的 0.3%，不足起征点的单笔交易 5 元。

清算交收：T 日交易，T+1 日交收。

3. LOF 与 ETF 的异同

从表面上来看，LOF 基金与 ETF 基金都是同时存在于一级市场和二级市场的特殊类型基金，它们之间不仅仅是这样一点相同，也存在着不少的区别。

■ LOF 与 ETF 的相同点

LOF 基金与 ETF 基金的相同点如图 9-2 所示。

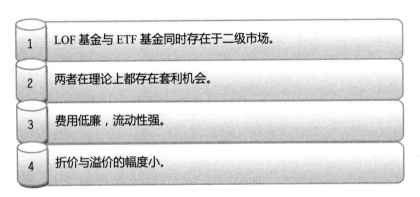

图 9-2　LOF 与 ETF 的相同点

ETF 基金和 LOF 基金都同时存在于发行市场和二级市场，可以向其他类型的基金一样在基金发起人、证券公司、银行等代销机构进行申购与赎回，同时又可以像封闭式基金一样在二级市场中通过交易所进行网上交易。

LOF 基金与 ETF 基金在理论上都存在套利机会，因为它们跨越了发行市场和交易市场，两种方式并存，因此他们具备了开放式与封闭式基金的双重属性。申购和赎回的价格取决于基金单位资产净值，而市场交易价格由系统撮合形成，受到市场供求的影响，当发行价格与市场交易价格出现偏离时，就出现了套利机会。

LOF 基金与 ETF 基金在交易过程中没有申购赎回费用，只需要支付最高为 0.5% 的双边费用。其中 ETF 基金是跟踪某一目标指数的被动型投资，管理费用低廉。由于 LOF 基金与 ETF 基金同时存在于发行市场和交易市场，所以其流动性明显强于一般的开放式基金。

■ LOF 与 ETF 的区别

LOF 基金与 ETF 基金的区别如图 9-3 所示。

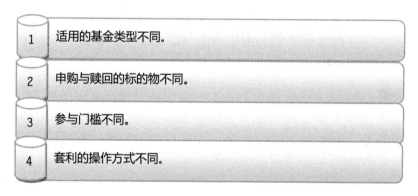

图 9-3　LOF 与 ETF 的区别

ETF 基金是跟踪某一目标指数的被动型投资基金，而 LOF 基金虽然也采取了开放式基金上市交易的方式，但其不仅可以是被动投资的基金产品，也可以是主动投资的产品。

ETF 基金的最大特点就是"实物申购，实物赎回"，在申购时，投资者需要用一篮子股票去交换基金份额，而在赎回时，投资者得到的也是一篮子股票；而 LOF 基金则是基金份额与投资者资金的交换。

ETF 基金申购和赎回的基本单位是 100 万份基金单位，起点很高，

比较适合机构投资者和大户投资者；LOF 基金的申购赎回起点是 1 000
份基金单位，比较适合中小投资者。

　　套利操作方式的不同主要体现在 ETF 基金在套利过程中必须通过一
篮子股票的买卖，同时涉及股票和基金两个市场，而 LOF 基金套利只需
要在基金市场中完成。ETF 基金可以实时套利，实现 T+0 交易，而 LOF
基金有交易规定限制，申购和赎回的基金单位由中国注册登记系统托管，
市场买卖的基金单位由中国结算深圳分公司系统托管，跨越两个系统进
行交易需要两个交易日，所以在套利上 ETF 基金更为便利，当然也因为
跨越了两个市场，费用也会增加。

02
LOF、ETF 的
运转机制与交易方式

　　LOF 基金与 ETF 基金虽然都同时存在于发行市场和交易市场，但其运
转机制和交易方式却有很大的区别。下面对 LOF 基金、ETF 基金的运转机
制与交易方式进行详细学习。

1. 掌握 LOF 基金的运转机制

　　LOF 基金运转机制的核心是份额登记制度，既与开放式基金需要在
过户机构登记不同，又区别于封闭式基金需要在交易所证券登记结算系
统登记。LOF 基金需要同时在过户机构（TA）和证券登记结算系统中登
记，才能同时进行场内交易和场外交易。

　　LOF 基金采用开放式基金和股票结合的发行方式，在交易所进行发
行。认购 LOF 基金与认购新股没有区别，认购结束后，投资者获得与认

购金额相等的基金份额，根据认购的不同方式，投资的基金份额得到不同的托管方式。

通过股票账户认购的基金份额托管在证券登记结算公司系统中，同时通过基金账户认购的基金份额托管在过户机构中。托管在证券登记系统中的基金份额只能在证券交易所进行交易，不能直接认购、申购或赎回；托管在过户机构系统中的基金份额只能进行认购和赎回，不能在证券交易所进行交易。

LOF 基金的场内交易，就是投资者按照证券交易的方式在证券交易所进行基金交易，交易价格受到买卖双方的出价不同而发生变化，交易发生的基金份额的变化登记在证券登记结算系统中。LOF 基金的交易与股票交易一样，通过卖出基金份额得到的资金当天可用于进行其他基金交易，但基金 T+1 日交收。

LOF 基金的场外交易，就是投资者采用未知价的交易方式，以基金净值进行申购赎回。投资者通过场外交易进行基金申购，基金 T+2 日交收；赎回基金，T+7 日内到账。

2. 如何交易 LOF 基金

LOF 基金本质上仍是开放式基金，基金份额总额不固定，基金份额可以在基金合同约定的时间和场所申购、赎回。投资者可以在交易所进行买卖，也可以在指定代销网点进行申购和赎回，在赎回、卖出时要办理一定的转托管手续。

■ LOF 基金的购买

购买 LOF 基金主要有两种渠道：一是在深圳证券交易所购买；二是通过代销机构购买。

以在深圳证券交易所购买为例，首先投资者需要开立深圳证券账户，认购的金额必须是 1 000 元的整数倍。

Step01 在同花顺股票行情软件中，进入"lofs板块"，将所有的LOF基金按现价从高到低排列，方便投资者选择。投资者也可以根据其他的选择方式进行排列，选定一只打算购买的LOF基金。

	代码	名称	涨幅%	现价◆	涨跌	涨速%	DDE净量	总手	换手%	量比	所属行业	现手	开
1	160505	博时主题	+4.63	3.165	+0.140	+0.03	—	18484	1.54	0.47	—	439 ▲	3.020
2	162703	广发小盘	+5.47	2.700	+0.140	+0.00	—	39132	6.28	0.88	—	114 ▲	2.557
3	163302	大摩资源	+4.39	2.640	+0.111	+0.00	—	3844	2.34	0.78	—	1 ▲	2.525
4	161005	富国天惠	+3.22	2.562	+0.080	+0.12	—	10274	2.47	0.63	—	37 ▲	2.482
5	165516	信诚周期	+5.56	2.375	+0.125	+0.02	—	1409	4.99	0.80	—	7 ▼	2.298
6	163412	兴全轻资	+4.83	2.343	+0.108	-0.30	—	15290	6.84	0.92	—	554 ▲	2.258
7	166009	中欧动力	+2.94	2.314	+0.066	+0.00	—	1148	1.46	0.35	—	18 ▲	2.249
8	163409	兴全绿色	+4.43	2.214	+0.094	+0.54	—	7622	2.52	0.72	—	1 ▲	2.128
9	160916	优选LOF	+4.92	2.198	+0.103	+0.09	—	17063	0.724	0.51	—	334 ▼	2.100
10	163415	兴全模式	+2.86	2.191	+0.061	+0.05	—	447	1.19	0.17	—	53 ▼	2.200
11	160106	南方高增	+5.96	2.188	+0.123	+0.00	—	33158	4.87	1.65	—	206 ▲	2.070
12	161017	富国500	+7.89	2.147	+0.157	+0.00	—	833	3.44	0.62	—	1 ▼	1.990
13	165512	信诚机遇	+1.58	2.126	+0.033	+0.00	—	185	2.37	0.71	—	27 ▲	1.967
14	160211	国泰小盘	+3.38	2.109	+0.069	+0.05	—	1320	0.345	0.29	—	50 ▲	2.050
15	163110	申万量化	+6.02	2.061	+0.117	+0.00	—	2817	7.01	0.91	—	175 ▼	1.944
16	167901	华宸300	+9.87	2.060	+0.185	+6.19	—	449	17.51	6.23	—	2 ▲	1.688
17	160512	博时卓越	+3.32	1.960	+0.063	+0.26	—	4699	1.42	0.56	—	20 ▲	1.889
18	162510	国安双力	+0.05	1.880	+0.001	+0.00	—	1345	1.17	0.39	—	1 ▲	1.714

Step02 进入投资者所开立证券公司提供的股票交易软件，输入想要购买的LOF基金代码，在此以博时主题（160505）为例，在输入基金代码后会自动显示出当前的买卖5档价格，投资者可根据当前行情，修改买入价格。随后继续输出买入数量，单击"买入下单"按钮即可。

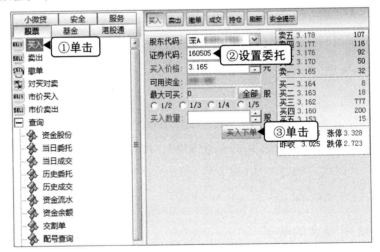

除了在深圳交易所进行LOF基金购买之外，还可以通过代销机构进行认购，进行认购时，应使用中国结算公司深圳开放式基金账户。已有深圳证券账户的投资者，可通过基金管理人或代销机构申请注册深圳开放式基金账户。

■ 转托管手续的办理

投资者通过深圳证券交易所买入的 LOF 基金份额只能在深圳交易所进行买卖，不能直接申请赎回，如果投资者想要赎回份额，则需要办理跨系统转托管，即将基金份额转入基金管理人或其代销机构，然后在进行赎回。

此种情况下，办理转托管手续的流程具体如图 9-4 所示。

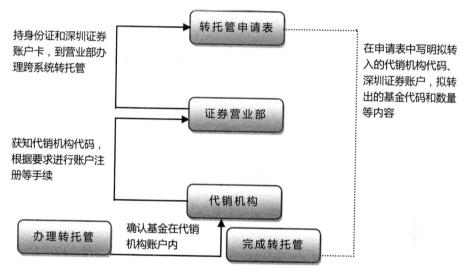

图 9-4　转托管流程

通过代销机构认购和申购的 LOF 基金只能赎回，不能通过深圳交易所进行卖出，如果投资者想要将该基金份额通过深交所交易系统进行卖出，需要在线办理跨系统转托管，即将基金份额转入深交所交易系统，之后再委托证券营业部卖出。

投资者在办理跨系统转托管之前，需要与基金份额拟转入的证券营业部联系，获知该证券营业部在深交所的席位号码。

办理此类的转托管手续具体流程如图 9-5 所示。

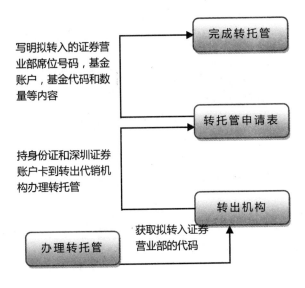

图 9-5 办理转托管流程

3. ETF 基金的交易方式

ETF 基金的交易与股票和封闭式基金完全相同，基金份额是在投资者之间买卖的。投资者利用现有的证券账户或基金账户即可进行交易，不需要另开立账户。

ETF 基金在二级市场交易同样需要遵守交易所的相关规定，例如当日买入的基金份额，下一个交易日才能卖出。

如果一个投资者买好一篮子股票后，在发行市场进行申购ETF基金，申购成功后，并不用等待基金到账，当天就可以在二级市场中进行卖出，实现"T+0"交易。

如果投资者在二级市场中买入 ETF 基金，可以当天在发行市场申请赎回，赎回成功后，也不必等待股票到账，就可以将这些股票抛出。

但投资者应注意当申购和赎回在不同市场内进行时，则不能实现"T+0"交易。

Step01 在同花顺行情软件的ETF基金页面中，或通过其他方式确定投资者想要购买的基金代码。

	代码 名称	涨幅%	现价↓	涨跌	涨速%	DDE净量	总手	换手%	量比	所属行业	现手	开盘
1	511210企债ETF	+0.87	109.950	+0.950	-0.14	—	1552	15.52	0.91	—	3↑	109.501
2	511010国债ETF	+0.65	108.605	+0.705	—	—	14537	36.34	0.57	—	1↑	107.900
3	511880银华日利	+0.04	102.296	+0.036	—	—	36.24万	26.45	1.20	—	2↑	102.274
4	511990华宝添益	+0.00	100.028	+0.002	+0.00	—	178.4万	22.13	1.11	—	56↑	100.030
5	511800易货币	+0.01	100.025	+0.013	+0.00	—	18.02万	94.85	1.14	—	18↑	100.012
6	511860博时货币	+0.01	100.017	+0.011	-0.00	—	433	2.17	0.90	—	13↑	100.011
7	511220城投ETF	+0.01	97.000	+0.010	+0.00	—	55	0.009	0.35	—	3↑	96.800
8	510500 500ETF	+6.42	8.077	+0.487	+0.01	—	61.02万	2.51	0.43	—	10↑	7.660
9	159922 500ETF	+7.00	7.547	+0.494	+0.05	—	60618	3.75	0.59	—	158↓	7.061
10	159909深TMT	+7.08	7.050	+0.466	+0.00	—	899	0.920	0.59	—	10↓	6.583
11	510230金融ETF	+1.86	5.984	+0.109	+0.03	—	146.1万	18.07	0.35	—	85↑	5.889
12	159911民营ETF	+7.25	5.590	+0.378	+0.00	—	2424	1.76	1.90	—	1↑	5.025
13	510220中小ETF	+7.62	4.985	+0.353	+0.32	—	7381	5.68	0.22	—	40↑	4.633
14	159901深100ETF	+5.67	4.924	+0.264	+0.29	—	80.54万	6.19	1.09	—	3116↑	4.704
15	510030价值ETF	+2.89	4.597	+0.129	+0.61	—	22.99万	28.74	0.48	—	5↓	4.470
16	510130中盘ETF	+5.29	4.422	+0.222	+0.45	—	44.25万	47.07	2.26	—	68↑	4.200
17	510150消费ETF	+5.69	4.349	+0.234	+1.33	—	2132	0.474	0.38	—	1↓	4.020
18	159919 300ETF	+4.26	4.311	+0.176	+0.00	—	153.6万	2.23	0.82	—	7572↓	4.140

Step02 在券商提供的交易软件中，找到并单击"ETF申购赎回"选项，在弹出的操作页面内输入ETF代码以及申购份额，最后单击"下单"按钮即可。

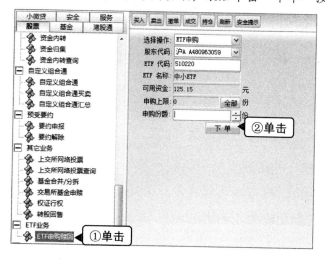

ETF也可以通过申购和赎回进行交易，但它的门槛较高，一般是基本单位的100万份，需要几十万元甚至上百万元的资金，因此这种交易方式只对机构投资者和大户投资者开放。

03
LOF 与 ETF 套利

> LOF 基金、ETF 基金与其他类型基金一个明显的区别就是，LOF 基金与 ETF 基金可以进行套利交易，存在稳赚不赔的交易机会。下面对 LOF 基金于 ETF 基金套利进行详细讲解。

1. LOF 基金的套利原理

LOF 基金在一级市场的申购和赎回是按照申请提出当天的基金净值进行结算的，而其在二级市场上的价格则是由市场供求决定的，因此当两个市场之间的偏差大于交易成本时，投资者就可以在两个市场之间进行套利。

当 LOF 基金的市场交易价格低于净值，即在二级市场的交易价格低于发行市场的申购价时，投资者可以在二级市场上买入，然后到发行市场中赎回，这种套利称为反向套利。

当 LOF 基金的市场交易价格高于净值，即在二级市场的价格高于发行市场的申购价，投资者可以在发行市场上进行申购，然后到二级市场中卖出，这种套利称为正向套利。

除了正向和反向套利之外，还有一种称为复牌套利的方法，即当 LOF 基金持仓中持有复牌预期涨幅很高的股票时，投资者进行买入，待该股复牌快速上涨后进行套利。

由于 LOF 基金的套利需要进行跨系统托管，至少需要 3 个交易日以上，同时还需要支付相关费用。因此 LOF 基金需要承担的风险较大，如果套利机会在两个工作日后消失了，那么投资者就会承受损失。

例如，某沪深 300LOF 基金在 2015 年 6 月出现套利机会。

买入时间：20150602，买入数量：4 300 份，成交价：0.73 元（二级市场时价），发生金额 3 148.42 元（包含 0.3%手续费 9.42 元）。

赎回申请时间：20150603。

赎回确认时间 20150604，成交数量 4 300 份，成交价：0.75 元（6月3日基金单位净值），发生金额 0 元（尚未到账）。

到账日 20150605（T+3），发生金额：3 213.15（手续费 11.85）。

此次交易套利：64.73 元。

2. ETF 基金的获利方式

ETF 基金在市场风险暴露的时候，是不少投资者的第一避险选择。投资 ETF 基金的获利方式主要有以下三种，如图 9-6 所示。

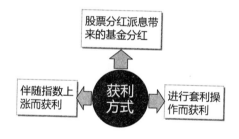

图 9-6　ETF 基金的获利方式

当 ETF 基金跟踪的目标指数不断上涨，基金净值和市场交易价格也会随之上涨，投资者可以通过二级市场卖出或赎回，从而获利。

例如，王先生在 2015 年 2 月 13 日中小板指数为 6 358 点时买入 50 万份中小板 ETF 基金，当天的基金交易价格为 3.174 元，总金额为 158.7 万元。

2015 年 1 月至 6 月，中小板指数的走势如图 9-7 所示。

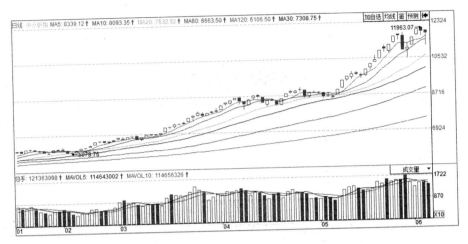

图 9-7　中小板指数走势

从 2015 年 2 月 13 日的 6358 点起，中小板指数在 3 个多月的时间里，最高上涨至 11 963.07 点。同时期的中小板 ETF 基金的交易价格的走势如图 9-8 所示。

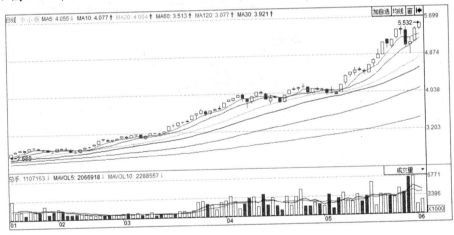

图 9-8　中小板 ETF 基金交易价格走势

从图 9-8 中可以看出，中小板 ETF 基金的交易价格从 2 月 13 日的 3.174 元最高上涨至 5.532 元，如果王先生在 5 元左右卖出，可以获得现金 250 万元，减去一些交易费用，最终可以获利将近 90 万元。

Fund
—— 手把手教你学基金投资 ——

第 10 章

保本型与债券型基金
的投资技巧

保本型基金与债券型基金是所有基金产品中风险较小、收益较稳定的两种基金类型。对于稳健型的投资者而言是较好的投资选择。但不意味着风险小、收益稳定就可以随意进行基金投资，也要掌握一定的技巧。

01
认识
保本型基金

保本基金是安全、稳定的投资选择，但因其名称受到了许多投资者的误解，认为该类基金十分保守，收益极低。随着今年金融市场的发展，投资者对保本型基金的认识也进了一步。

1. 什么是保本型基金

保本基金是指在一定的保本周期内，我国一般为 3 年，对投资者所投资的本金提供一定比例的保证保本。

另一方面基金利用极小的资产比例或者是利息来进行高风险的投资，而将大部分资产从事固定收益的投资。使得无论市场如何变化，基金都不会低于所担保的价格，从而实现保本的目的。

投资者在保本周期结束后可以拿回原来的投资本金，如果提前进行赎回，则不能享受保本优势。

保本基金的风险承受能力较弱，但是可以保障所投本金的安全，同时又能参与股市上涨带来的红利。

保本基金将大部分资产用于固定收入债券的投资，使得基金在到期时能够支付投资者的本金，而将剩余资产，通常为 15%～20%投资于股票等高收益金融产品，以此来提高投资者的收益。

因此，保本型基金是风险承受能力弱的投资者的首选，既能保住投资本金，又有获得额外收益的可能。

图 10-1 所示为 2014 年度保本基金业绩排名前十位。

2014保本型基金年终业绩排名榜(数据来源：银河证券)

序号	基金代码	基金简称	基金成立日期	份额累计净值(元)	今年以来净值增长率	今年以来同类型排名
1	000030	长城久利保本混合	2013-04-18	1.4000	42.28%	1/36
2	000610	新华阿里一号保本混合	2014-04-25	1.3260	32.60%	成立不足一年
3	000072	华安保本混合	2013-05-14	1.2760	29.54%	2/36
4	217024	招商安盈保本混合	2012-08-20	1.3020	28.78%	3/36
5	090019	大成景恒保本混合	2012-06-15	1.2710	28.64%	4/36
6	202213	南方安心保本混合	2012-12-21	1.2240	22.77%	5/36
7	000190	中银保本二号混合	2013-09-10	1.2270	22.21%	6/36
8	080015	长盛同鑫二号保本混合	2012-07-10	1.2200	21.27%	7/36
9	000028	华富保本混合	2013-04-24	1.1970	21.23%	8/36
10	163823	中银保本混合	2012-09-19	1.2560	20.77%	9/36

图 10-1　2014 年保本基金业绩排名

从图 10-1 中可以看出，排名前列的保本基金年度收益率都在 20% 以上，在保本的前提下获得了较高的投资收益。

图 10-2 所示为截至 2015 年 7 月 20 日市场中排名前列的保本基金示意图。

序号	基金代码	基金简称	2015-07-20		2015-07-17		日涨跌	今年回报	晨星三年评级 2015-07-17	购买状态	赎回状态	费率	交易
			基金净值	累计净值	基金净值	累计净值							
1	000028	华富保本混合（吧）	--	--	1.2100	1.3600	--	--	★★	开放	开放		暂无代销
2	000030	长城久利保本（吧）	--	--	1.8560	1.8560	--	--	★★	开放	开放		暂无代销
3	000058	国联安保本混合（吧）	--	--	1.1930	1.1930	--	--	★★	开放	开放		暂无代销
4	000066	诺安鸿鑫保本混合（吧）	--	--	1.4030	1.4030	--	--	★★	开放	开放		暂无代销
5	000072	华安保本混合（吧）	--	--	1.5850	1.5850	--	--	★★	开放	开放		暂无代销
6	000110	金惠元安保本（吧）	--	--	1.0095	1.2687	--	--	★★	开放	开放		暂无代销
7	000126	招商安润保本（吧）	--	--	1.3130	1.3130	--	--	★★	开放	开放		暂无代销
8	000136	民生加银策略精选（吧）	--	--	2.0330	2.0330	--	--	★★	开放	开放		暂无代销

图 10-2　保本基金排行

2. 查看分析保本基金信息

市面上的保本基金产品数量较少，2014 年有 36 只，截至 2015 年 7 月增加至 49 只。保本基金产品的数量稀少，也给投资者进行选择降低了难度。

Step01 进入天天基金网（http://fund.eastmoney.com/）基金排行页面，在页面内选择保本型基金，再选择"近1年"选项卡。将所有的保本型基金按照近1年的收益从高到低进行排列。在近1年收益从高到低的排行中，根据投资者自身情况进行选择。在此以收益最高的长城久利保本基金为例。

比较	序号	基金代码	基金简称	日期	单位净值	累计净值	日增长率	近1周	近1月	单击	近1年	近2年	近3年	今年来	成立来	自定义	手续费	
□	1	000030	长城久利保本	07-17	1.8560	1.8560	2.37%	2.71%	-2.83%	12.42%	28.09%	49.20%	85.79%	---	32.57%	85.60%	49.20%	0.60% 购买
□	2	200016	长城保本	07-17	1.5620	1.5620	2.36%	2.70%	-2.31%	12.13%	24.96%	44.10%	51.36%	---	30.28%	56.20%	44.10%	0.60% 购买
□	3	202213	南方安心	07-17	1.5050	1.5050	1.96%	2.66%	-4.87%	5.02%	18.22%	42.12%	50.05%	---	22.96%	50.50%	42.12%	--- 购买
□	4	180028	银华永祥保本	07-17	1.3880	1.6010	2.81%	1.17%	-7.09%	6.61%	22.08%	39.00%	44.26%	46.50%	26.07%	60.13%	39.00%	0.60% 购买
□	5	519729	交银荣泰保本	07-17	1.2540	1.3890	2.53%	4.59%	-9.39%	4.15%	18.54%	35.94%	---	---	20.44%	41.10%	36.21%	0.60% 购买
□	6	519726	交银荣祥保本	07-17	0.9550	1.3980	2.69%	4.83%	-11.04%	1.56%	15.35%	34.15%	40.10%	---	17.01%	43.88%	34.28%	0.60% 购买
□	7	000166	中海安鑫保本	07-17	1.3810	1.3810	0.58%	1.02%	-6.88%	8.33%	23.86%	34.08%	---	---	24.30%	38.10%	34.21%	0.60% 购买
□	8	000066	诺安鸿鑫保本	07-17	1.4030	1.4030	1.37%	3.77%	-15.02%	7.84%	18.40%	33.11%	38.09%	---	19.71%	40.30%	33.24%	0.60% 购买
□	9	000028	华富保本混合	07-17	1.2100	1.3600	1.17%	1.26%	-11.68%	-1.74%	9.52%	32.63%	36.19%	---	14.39%	37.14%	32.63%	0.60% 购买
□	10	206013	鹏华金刚保本	07-17	1.0060	1.4020	0.30%	0.60%	-1.68%	3.63%	14.46%	31.28%	36.12%	39.10%	14.92%	40.21%	31.16%	0.60% 购买

Step02 在长城久利保本基金中可以看到基金净值当天的走势，以及基金持仓的风险资产的明细。

序号	股票名称	持仓占比	涨跌幅	相关资讯
1	航天信息	8.84%	-2.21%	股吧 资讯 档案
2	宋城演艺	4.20%	-10.00%	股吧 资讯 档案
3	中国国旅	4.04%	1.81%	股吧 资讯 档案
4	恒宇药业	3.51%	3.13%	股吧 资讯 档案
5	上海钢联	2.91%	9.99%	股吧 资讯 档案
6	三泰控股	1.78%	5.72%	股吧 资讯 档案
7	长安汽车	1.62%	-2.54%	股吧 资讯 档案
8	格力电器	1.31%	-1.41%	股吧 资讯 档案
9	合兴包装	1.27%	-10.01%	股吧 资讯 档案
10	国旅联合	1.14%	9.97%	股吧 资讯 档案

持仓截止日期：2015-03-31　　查看更多基金持仓

Step03 在长城久利保本基金页面的下方，可以看到基金档案、历史净值、基金评级、累计收益走势等信息。

保本基金的多数资金都投资于固定收益债券，因此市场中不同保本基金收益率出现明显差距的原因，就在那很小一部分的风险投资中。

基金经理如果在运作这一小部分资产时，可以获得极高的收益，那么保本基金的最终收益也会很高。因此基金经理的投资能力，直接影响着保本基金的最终收益。而基金持仓则是基金经理投资能力的直观反映。以涨幅排名第二的长城保本基金为例。

图 10-3 所示为长城保本基金的基金持仓明细。

序号	股票名称	持仓占比	涨跌幅	相关资讯
1	顺网科技	4.84%	-	股吧 资讯 档案
2	航天信息	2.18%	2.21%	股吧 资讯 档案
3	中技控股	1.98%		股吧 资讯 档案
4	桑乐金	1.03%	10.03%	股吧 资讯 档案
5	格力电器	0.43%	-1.49%	股吧 资讯 档案
6	众信旅游	0.19%	7.25%	股吧 资讯 档案
7	中光防雷	0.16%	-1.73%	股吧 资讯 档案
8	合纵科技	0.00%	1.54%	股吧 资讯 档案
9	蓝晓科技	0.00%	-3.37%	股吧 资讯 档案

持仓截止日期: 2015-06-30　　查看更多基金持仓>>

图 10-3　长城保本基金持仓

从图 10-3 中可以看出长城保本基金重仓的股票有顺网科技和航天信息。其中顺网科技属于通信服务行业，航天信息属于计算机应用行业，都是发展前景好，成长性高的高科技公司。

而其他股票中有格力电器和桑乐金这类白色家电行业的消费股，由此可见，该基金在追求高成长的同时，也选择了一些业绩稳定的白马股进行风险对冲。

保本型基金的保本周期有 3 年之久，因此投资者在关注保本基金的业绩时不能关注一天或者一个月的周期，至少应该以一年为起点，这样才能看到基金长期的、稳定的业绩，才能作为投资者进行投资决策的可靠依据。

图 10-4 所示为长城保本基金 1 年以内的累计收益率走势图。

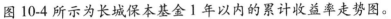
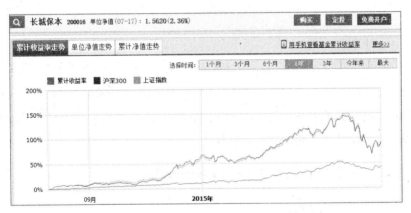

图 10-4　长城保本基金累计收益率走势图

从图 10-4 中可以看出，在股票市场处于牛市的情况下，长城保本基金能够保持与大盘指数相同甚至超出的收益率，也说明了该基金的基金经理投资能力较强。

在牛市中能够以少部分资金达到与大盘指数相同的涨幅，已经是难能可贵。长期的、稳定的收益，才是投资者选择保本基金的首要原因，仅是在牛市中表现良好也不足以证明该基金有长期稳定的盈利能力，应查看其更长时间的收益情况，然后再进行判断。

3. 保本型基金是怎样保本的

在对保本型基金的巨额资金进行运作时，基金公司首先要寻找一个没有风险的投资产品，如年收益 6%的国债，保本周期为 3 年，在资金总量已知的情况下，可以通过现值计算，得出需要将多少资金买入收益为 6%的国债，在 3 年后与现值的本金相等。

例如，保本基金的初始资金为 100 亿元，则需要将 80%的资金购买国债，剩余的 20%资金，则会用于投资股票、外汇、期货等风险资产。为投资者赚取额外利润，虽然这部分资金的收益并不确定，甚至有亏损的可能，但并不会让投资者损失本金。

图 10-5 所示为保本基金的运作过程示意图。

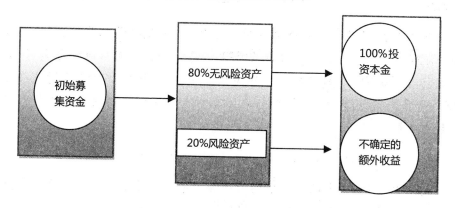

图 10-5　保本基金运作示意图

保本基金在运作过程中展现出来的运作特点主要有以下 3 个，分别是保证本金、半封闭式和增值潜力。

- **保证本金**：这是保本型基金的核心，是指在投资者持有基金到期时，可以获得 100%的本金，以及本金一定比例的超额收益。

- **半封闭式**：保本基金会规定一个保本周期，投资者只有到持有周期到期后才能得到保本承诺。在没有到达保本周期时就选择赎回，基金公司无法保证本金的安全，投资者还需要支付高昂的赎回费用。正因为这样的特性，所以保本基金更适合于那些有大量闲置资金的长期投资者。

- **增值潜力**：保本型基金的基金经理在保证本金安全的前提下，需要将少部分资金用于高风险、高收益金融产品投资，分享市场向好带来的收益。而增值潜力是影响保本基金最终收益的关键因素。

4. 保本基金的风险和收益计算

保本型基金的核心特点就是能够以一个固定的比例保证投资者的本金安全，这个固定的比例就是保本比率。

根据保本比率的不同，投资者在投资时所面临的风险和收益也会相差甚远。

某基金公司募集了一个资金规模达到 30 亿元的保本基金，保本比率为 100%，保本期为 3 年，会在投资初期选择一种固定收益的投资产品，如选择投资收益为 10% 的三年期国债，基金公司为了保证投资者本金 100% 安全，会将 30 亿元中的 27.3 亿元用于购买这类国债，具体计算公式如下。

$$30 亿元 \times 100\% \div （1+10\%）=27.3 亿元$$

基金公司将 27.3 亿元用于购买国债，剩余的 2.7 亿元左右用于投资高风险、高收益的金融产品。

如果投资者希望获利 106% 的保本比率，基金需要用 28.9 亿元来购买国债，用于投资风险资产的资金仅有 1.1 亿元。

如果投资者希望获利 90% 的保本比率，基金需要用 24.5 亿元来购买国债，用于投资风险资产的资金有 5.5 亿元。

不同的保本比率将面临不同的风险，较为常见的保本比率有 90%、100%、106%，其分别面临的风险如图 10-6 所示。

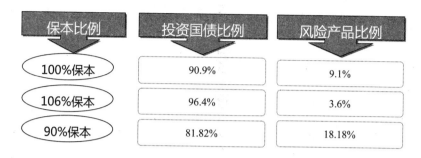

图 10-6　不同保本比率不同的风险

　　由此可以总结得到，保本比率越高，基金投资高风险的金融产品的比率就越少，投资者持有基金的风险也越小，投资者的预期收益也会随之低很多。

02
了解
债券型基金

　　债券型基金是发展时间较长的一类基金，主要依托与各种类型的债券而存在。随着债券型基金的发展，衍化出纯债券型基金与偏债券型基金。债券型基金又存在哪些投资技巧呢？

1. 什么是债券型基金及其特点

　　债券型基金是指以国债、金融债等固定收益类金融工具为投资对象的投资基金。

　　因为其投资的对象收益较为稳定，所以又被称为"固定收益基金"。债券型基金又被分为纯债券型基金和偏债券型基金。

两者的区别主要在于纯债券型基金不投资股票，而偏债券型基金可以投资部分股票。

偏债券型基金的优点在于可以根据股票市场走势灵活地进行资产配置，在控制风险的同时分享来自市场上涨带来的红利。

投资者可以在和讯网上查看当前市场中的债券型基金的具体信息，操作如下。

Step01 进入和讯网基金页面，选择债券基金即可看到当前市场中的基金按照一定顺序进行排列。投资者可以根据基金名称对基金的类型进行判断，选定一只目标基金单击。

序号	基金代码	基金简称	2015-07-21 基金净值	累计净值	2015-07-20 基金净值	累计净值	日涨跌	今年回报	偏置三年评级 2015-07-17	购买状态	赎回状态	费率	交易
1	000003	中海可转换债券A（吧）	--	--	1.0920	1.3020	--	--	--	开放	开放		暂无代销
2	000004	中海可转换债券C（吧）	--	--	1.1010	1.3110	--	--	--	开放	开放		暂无代销
3	000005	嘉实增强信用债（吧）	--	--	1.0300	1.1330	--	--	--	开放	开放		暂无代销
4	000007	鹏华国有企业债（吧）	--	--	1.2010	1.2100	--	--	★★	开放	开放		暂无代销
5	000014	华夏聚利债券（吧）	--	--	1.1070	1.1070	--	--	--	开放	开放		暂无代销
单击		华夏纯债债券A（吧）	--	--	1.1140	1.1140	--	--	--	开放	开放		暂无代销
7	000016	华夏纯债债券C（吧）	--	--	1.1040	1.1040	--	--	--	开放	开放		暂无代销
8	000022	南方中票A（吧）	--	--	1.1292	1.1292	--	--	--	开放	开放		暂无代销
9	000023	南方中票C（吧）	--	--	1.1223	1.1223	--	--	--	开放	开放		暂无代销
10	000024	大摩华鑫双利增强债A（吧）	--	--	1.1880	1.1880	--	--	--	开放	开放		暂无代销

Step02 以华夏纯债债券A为例，进入华夏纯债债券A的详细资料页面，可以看到盘中估值、净值走势、月度收益、季度收益和年度收益等信息。

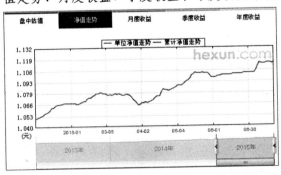

净值走势是投资者较为关注的方面，从华夏纯债债券 A 基金的净值

走势可以看到，该基金净值长久以来都处于不错的上涨趋势中。

债券型基金由于其投资对象是各种固定收益债券，所以有着与其他类型基金不同的特点，具体如图 10-7 所示。

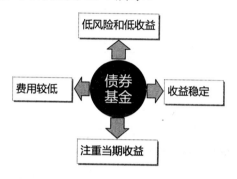

图 10-7　债券型基金的特点

- **低风险和低收益**：由于债券型基金的投资对象是债券，其收益稳定，风险很小，所以债券型基金的风险也很小。又因为债券的收益率是较为固定的，因此相对于其他股票型基金而言，收益也不高。

- **费用较低**：因为债券型基金没有复杂的投资操作过程，因此基金的管理费用很低，也造成了债券型基金的低费用。

- **收益稳定**：将基金资产投资于债券，有定期回报，到期承诺还本付息，因此债券型基金的收益很稳定。

- **注重当期收益**：债券型基金追求的就是较为固定的收入，相对于股票型基金而言，缺乏成长空间，适合不愿过多冒险，满足于稳定的当期收益的投资者。

2. 债券型基金的优缺点

债券型基金的优点非常明显，即风险低，同时缺点也很明显，即收益不高。那么债券型基金具体的优缺点到底有哪些呢？

图 10-8 所示为债券型基金的优点。

| | 债券型基金可以随时变现，流动性好。投资者需要赎回基金时，可以以申请当日的基金单位资产净值为基准随时赎回，虽然从赎回到资金到账需要T+3个工作日左右，但与银行定期存款和国债等相比，不用负担提前兑付的利息损失。 |
|债券型基金的优点| 与投资者直接购买债券相比，进行债券型基金的购买，可以享受更多的优惠，获得更高的收益。例如，可以间接进入债券发行市场，获得更多的投资机会；可以进入银行间市场，持有收益更高的金融产品。 |

图 10-8　债券型基金的优点

2015 年 7 月 21 日，债券型基金中日涨幅最大的为融通标普可转债 C 基金。如图 10-9 所示为该基金概况，可以看出该基金利用可转债具有债券和股票的特性，进行专项投资，获取更高的收益。

基金名称	融通标普可转债C	基金代码	161625
投资类型	指数型	投资风格	债券型
首次募集规模	700370814.16	最新基金规模	6573609.41
成立日期	2013-03-26	基金经理	王超
基金托管人	中国农业银行	基金管理人	融通基金管理有限公司
会计师事务所	普华永道中天会计师事务所有限公司	律师事务所	广东嘉得信律师事务所
投资目标	本基金为增强型指数基金，对指数投资部分，采用最优复制法的投资策略，按照成份券在标的指数中的基准权重构建指数化投资组合，并根据标的指数成份券及其权重的变化进行相应调整。本基金对主动投资部分，采取积极配置策略，利用可转债兼具债券和股票的特性，力争实现在控制基金资产下跌风险和保证投资组合流动性的基础上，为投资者获得超越业绩比较基准的稳健收益		
	(1)本基金投资于固定收益类证券的比例不低于基金资产的80%，其中投资于标普中国可转债指数的成份券及其备选成份券的比例不低于基金固定收益类证券资产的90%；本基金投资于股票和权证等非固定收益类金融工具的比例不高于基金资产的20%；		

图 10-9　融通标普可转债 C 概况

债券型基金存在优点，就会存在缺点，如图 10-10 所示为债券型基金缺点的具体内容。

1. 只有长时间持有后，才能获得投资者满意的收益。

2. 股票市场行情趋好时，收益稳定在平均水平上，但仍远低于股票型基金；当债券市场波动时，有亏损的可能。

图 10-10　债券型基金的缺点

图 10-11 所示为截至 2015 年 7 月 21 日，在 2015 年以来跌幅排名前十的债券型基金。

序号	基金代码	基金简称	2015-07-21 基金净值	2015-07-21 累计净值	2015-07-20 基金净值	2015-07-20 累计净值	日涨跌	今年回报	晨星三年评级 2015-07-17	购买状态	赎回状态	费率
1	165705	诺德双翼分级（吧）	0.9420	1.1680	0.9390	1.1650	0.32%	-20.91%	★★	开放	开放	--
2	162105	金鹰持久回报债券（吧）	1.0261	1.3918	1.0265	1.3922	-0.04%	-19.17%	★★	开放	开放	--
3	161624	融通标普可转债A（吧）	1.2000	1.3100	1.1660	1.2760	2.92%	-14.82%	--	开放	开放	--
4	161625	融通标普可转债C（吧）	1.1940	1.3040	1.1600	1.2700	2.93%	-14.70%	--	开放	开放	--
5	166105	信达澳银增利（吧）	0.9770	1.1260	0.9780	1.1270	-0.10%	-11.74%	--	开放	开放	--
6	000536	前海开源可转债（吧）	0.9370	1.3070	0.9230	1.2930	1.52%	-11.64%	--	暂停	暂停	0.6%
7	000068	民生加银转债C（吧）	0.9560	1.3460	0.9360	1.3260	2.14%	-11.10%	--	开放	开放	--
8	000067	民生加银转债A（吧）	0.9580	1.3580	0.9380	1.3380	2.13%	-10.89%	--	开放	开放	0.6%
9	560005	益民多利债券（吧）	0.9156	1.0366	0.9069	1.0279	0.96%	-3.68%	★	开放	开放	--
10	610108	信达澳银信用债C（吧）	1.1280	1.1280	1.1280	1.1280	0.00%	-3.26%	★★	开放	开放	--

图 10-11　跌幅排名前十的债券型基金

从图 10-11 可以看出，在跌幅前十的债券型基金中，有 5 只以上的基金都是投资于可转债而导致的亏损。

3. 购买债券型基金的注意事项

在股市处于长期的震荡走势时，债券型基金会得到投资者的青睐。因为在震荡行情中，普通的投资者赚钱的难度极大，反而容易亏损。而债券型基金可以提供稳定可观的收益。

但投资者应该注意的是，虽然债券型基金具有抗风险，收益稳定的特点，但债券型基金仍然不适合投资者进行全仓买入，此时投资者需要了解一些注意事项。

首先，要了解债券型基金的投资范围。债券型基金之所以能够在股市震荡时抵抗风险，是因为债券型基金的大部分资产不会投资于股市，而主要通过投资债券市场进行获利。

即使是债券型基金中的偏股型基金，在投资于股市的资金比例上也有严格要求，仅以小部分投资于股市，通常不能超过 20%。

其次，投资者需要了解债券型基金的交易成本。不同的债券型基金费用差距很大，因此，投资者应根据自身的投资目标选择那些尽可能费用低的债券型基金。

最后，投资者不要对债券型基金的收益预期过高，因为债券型基金的收益与持有时间有很大关系。

如果投资者只是为了暂时躲避股市震荡风险而选择债券型基金，持有时间很短，可能不会得到太高的收益。2014 年，股市处于牛市中，债券型基金的平均收益达到 18.78%。

图 10-12 所示为 2014 年全年度各类债券型基金的收益率与方差比较示意图。

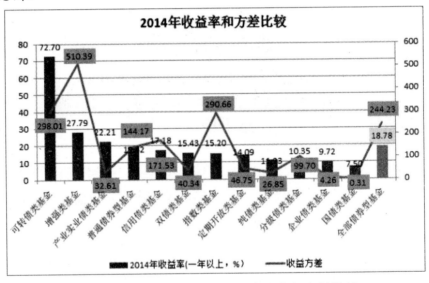

图 10-12　2014 年债券型基金收益率与方差比较

从图 10-12 中可以看出，在股市处于牛市中，可转债类基金的收益是最高的。一旦股市开市震荡或下跌时，可转债类基金也是跌幅最大，亏损最多的基金。

Fund
—— 手把手教你学基金投资 ——

第 11 章
封闭式
基金的投资技巧

封闭式基金与股票类似，实行竞价交易、折价交易，即基金的成交价格与基金净值相比可能出现折价或溢价的情况。与开放式基金相比，封闭式基金发行总额是事先确定的，发行后规模固定。

01
认识
封闭式基金

> 封闭式基金是相对于开放式基金而言的，开放式基金规模不固定，多数时间可以自由申购、自由赎回。而封闭式基金则在募集资金后规模固定，在一定情况下不接受申购与赎回。

1. 什么是封闭式基金

封闭式基金是指基金的发起人在设立基金时，限定了基金单位的发行总额，筹足总额后，基金宣告成立并进行封闭，在一定时间内不接受申购与赎回。

图 11-1 所示为沪深两市所有的封闭式基金按照 2015 年 7 月 24 日涨幅进行排行的示意图。

还原		代码 名称	涨幅%↓↑	现价	涨跌	涨速%	DDE净量	总手	换手%	量比	所属行业	现手↓↑
1		150266 一带B	+10.11	0.501	+0.046	+0.00	—	877.8万	27.96	1.33	—	23456 ↓
2		150312 智能B	+10.06	0.908	+0.083	+0.00	—	61921	10.85	1.20	—	370 ↓
3		150206 国防B	+10.04	1.260	+0.115	+0.16	—	390.2万	26.15	1.55	—	101435 ↓
4		150210 国企改B	+10.04	0.932	+0.085	+0.11	—	3386万	26.30	1.52	—	420345 ↓
5		150308 体育B	+10.03	1.229	+0.112	+0.00	—	40038	11.39	0.80	—	2 ↓
6		150306 养老B	+10.02	1.395	+0.127	+0.00	—	61980	27.35	3.95	—	17 ↑
7		150310 信息安B	+10.00	1.023	+0.093	+0.00	—	98320	26.57	1.20	—	1106 ↓
8		150147 同利B	+9.99	2.686	+0.244	+0.00	—	6083	15.27	1.33	—	7 ↓
9		150288 钢铁B	+9.98	0.639	+0.058	+0.00	—	21.52万	48.81	1.24	—	510 ↓
10		150065 同瑞B	+9.92	0.543	+0.049	+0.00	—	36.74万	53.86	1.97	—	27425 ↓
11		150316 工业4B	+9.76	0.765	+0.068	+0.00	—	104.1万	37.56	1.28	—	3608 ↓
12		150109 同辉100B	+9.21	0.605	+0.051	+0.00	—	31.92万	35.60	1.41	—	22719 ↓
13		150322 煤炭B基	+8.91	0.550	+0.045	+0.92	—	176.7万	44.19	1.31	—	6683 ↓
14		150232 电子B	+8.77	0.682	+0.055	+0.00	—	53.58万	38.04	1.55	—	369 ↓
15		150139 中证800B	+8.27	0.772	+0.059	+1.71	—	69150	20.33	1.71	—	63 ↓
16		150208 地产B端	+8.04	0.833	+0.062	+0.00	—	93120	32.72	1.70	—	781 ↑
17		502002 500等权B	+7.70	0.741	+0.053	+1.51	—	30.80万	46.62	1.04	—	2471 ↓
18		502008 国企改B	+7.53	0.820	+0.058	-0.24	—	602.9万	92.27	2.28	—	50318 ↑
19		150180 信息B	+7.16	0.943	+0.063	+0.00	—	156.4万	26.86	1.17	—	

图 11-1　沪深封闭式基金

封闭式基金的流通采取在二级市场，即证券交易所上市交易的方式，投资者要想买卖封闭式基金的份额，只能通过证券公司在二级市场中进行竞价交易，交易规则与股票市场一样。

从图中可以看出基金代码、名称、最新价、涨跌幅度、总手等信息。还可以双击某个基金名称，进入基金分时图，对基金的当天走势更深入的了解。

图 11-2 所示为国防 B（150206）2015 年 7 月 24 日的分时走势图。

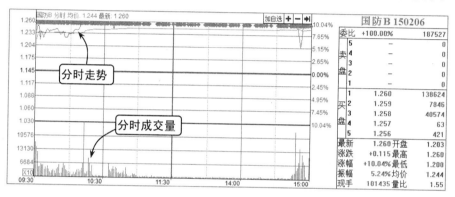

图 11-2　国防 B 分时图

投资者在分时图中可以看到当天的价格走势、成交量分布、买盘与卖盘等信息。

2.　基金的买卖盘信息解读

■　买盘

基金的买盘与股票一样，是按照"价格优先，时间优先"的原则，谁挂单的价格高谁就排在前面；在挂单价格相同的情况下，谁先报价谁排前面。

以图 11-2 为例，买 1 后面的数值就是买入价格，为 1.26 元，价格后面的数值即为买入的基金份数，为 138 624 份。

五档买盘是多头主力的前线战地，是投资者委托买入筹码的交易数据动态显示区域，随着五档买盘中的委托单变化，可以清楚地看到盘中买入力量的变化。

■ 卖盘

卖盘中谁挂的价格低谁就排在前面，如果卖出价格相同，谁先挂单谁排前面。

五档卖盘是空头主力的前沿阵地，是投资者委托卖出基金的交易数据动态显示区。五档卖盘中的卖单变化可以直接反应盘中卖出力量的实时变化。

当五档卖盘的委托单小于五档买盘的委托单量时，说明卖方力量弱，基价可能出现上升。当五档卖盘委托单量大于五档买盘时，说明卖出力量强，基金的价格可能下跌。

02
封闭式基金的
业绩与分配原则

基金的业绩表现是投资者选择封闭式基金的首要标准，封闭型基金虽然不直接以净值交易，但基金在二级市场中的交易价格是以净值为基础的，而净值又与基金业绩息息相关。

1. 封闭式基金的业绩

封闭式基金业绩的评价方法与其他类型基金相似，主要看基金的历史业绩，过去的操作记录等。投资者考察基金业绩主要参考以下三个指标，具体内容如图 11-3 所示。

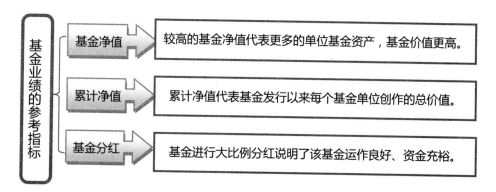

图 11-3　基金业绩的参考指标

　　封闭式基金的净值与累计净值与开放式基金相同。基金净值与累计净值两个指标可以帮助投资者分析基金的盈利能力。较高的基金净值代表更多的单位基金资产，基金价值更高。

2.　封闭式基金的交易技巧

　　在考虑投资封闭式基金时，首先要树立正确的投资理念，虽然封闭式基金可以像股票一样随时交易，但它并不是适合短期交易的金融产品，反而进行封闭式基金的短线操作将面临更大的风险。

　　投资封闭式基金要长期持有的耐心，同时做好市场长期波动的心理准备，封闭式基金的交易技巧主要有以下三点，如图 11-4 所示。

图 11-4　封闭式基金的交易技巧

封闭式基金的价格由市场供求关系决定，交易价格经常会与基金净值发生偏离。投资者购买封闭式基金尽量选择折价的基金，折价率越高蕴含的价值回归概率就越大。

想要将封闭式兑现比开放式基金还容易，只要像卖出股票一样将其份额卖出即可，但是封闭式基金不像开放式基金那样可随时将其实际的价值兑现。

封闭式基金的价值兑现是一个相对漫长的过程，只能到封闭期结束时才能完全体现。封闭式基金的每一次分红都相当于将这部分价值提前赎回给了投资者，所以分红多的基金更具有投资价值。

在投资实战中，投资者应当构建多只封闭式基金的投资组合，这样才能达到分散风险的目的。

3. 查看封闭式基金的折价率

Step01 进入和讯网基金（http://www.hexun.com/）首页，单击导航栏中的"基金"超链接，就可以看到开放式基金的信息，然后单击"封基数据"选项卡，就可以看到所有封闭式基金的代码、简称、单位净值、累计净值和基金规模等信息。

Step02 单击左侧导航栏中的"封闭式基金折价率"超链接，就可以看到所有封闭式基金的折价率、溢价率、最新净值、市场价格等信息。

Step03 还可以查看不同基金公司的折价率，选择"广发基金管理有限公司"，然后单击"查询"按钮，就可以看到广发基金公司的折价率等信息。

Step04 还可以查看不同时间的不同基金公司的换手率，单击左侧导航栏中的"封闭式基金换手率"超链接，就可以看到所有封闭式基金的换手率、最新净值、期间成交量等信息。

Step05 单击左侧导航栏中的"封闭式基金涨跌幅"超链接，就可以看到所有封闭式基金的期初市价、期末市价、涨跌幅等信息。

Step06 单击左侧导航栏中的"封闭式基金区间收益"超链接，就可以看到所有封闭式基金的净值增长率、期初净值、期末净值、期初累计净值、期末累计净值等信息。

4. 封闭式基金购买实战

    如何在实战中选择一只适合自己的基金，并进行购买。下面以一名做好长期持有准备的投资者为例进行讲解。

Step01 选择所有的封闭式基金中价格处于低位、走势平稳、前景良好的一只基金，暂时将目标定位中小板B（150086）。原因是中小板刚经过暴跌，此时正处于反弹初期，未来极有可能迎来一轮新的上涨行情。

Step02 打开券商提供的股票交易软件，选择左侧的"买入"选项，进入股票买入页面。

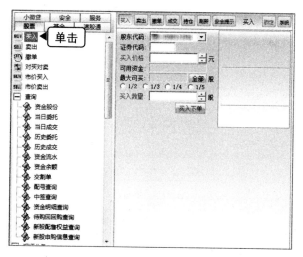

Step03 在证券代码对话框中输出"150086"，随后会自动弹出中小板B基金的实时盘口信息，而买入价格内会自动填写上中小板B的实时价格，投资者如果对基金价格的涨跌有所预期，可以进行修改，在此以默认的实时价格为买入价格。随后在买入数量对话框中输出想买入的数量，单击"买入下单"按钮即可。

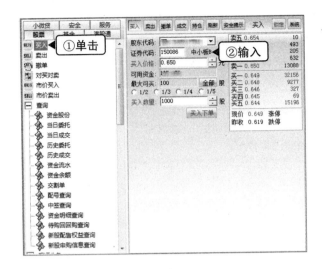

截至 2015 年 7 月，在二级市场中交易的封闭式基金有 292 只，而市场中的开放式基金数量达到 2 700 多只，封闭式基金仅占开放式基金数量的 1/10 左右。

但是封闭型基金的重要性，主要体现在为股票投资者提供对冲和避险的高地，也因此在股市震荡时，封闭式基金的交易量迅猛增加。

Fund
—— 手把手教你学基金投资 ——

第 12 章

认识基金
投资的风险

基金与股票、期货等相比，风险的确要小很多，但也绝对不是零风险，也会因为投资管理不当，出现亏损。因此投资者在进行基金投资之前，应该对基金投资的风险进行简单了解，才能在投资过程中有更好的心态。

01
常见风险

> 任何的投资都会存在风险，收益与风险是并存的两个因子。股票的高收益，伴随着高风险；投资基金的稳定收益，则伴随着相对可控的风险。下面对投资基金的常见风险进行介绍。

1. 基金的市场风险

基金的风险主要是指基金管理人将募集的资金投资于证券市场之后，由于收益的不确定性而导致基金的收益受到损失。

基金的风险来自多方面，其中最主要的是基金的市场风险、管理风险以及其他不可抗力因素造成的风险。

基金的市场风险可以分为两类：一类是系统风险，另一类是非系统风险。

■ 系统风险

基金的系统风险是指金融市场由于各种原因遭受的风险。由于金融市场的风险对各种金融投资都会产生影响。因此，系统风险可以说是投资者和基金管理者也无法控制的风险。

基金的系统风险主要包括政策风险、政治风险、经济周期风险、利率和汇率风险、购买力风险等。对于投资者而言，投资基金最主要的风险就是系统风险。

- **基金的政策风险**：由于国家宏观政策的变化，例如货币政策、财政政策等发生重大变化，例如降息降准、提高转移支付等。由此造成的市场价格波动，从而影响到基金收益。

- **基金的利率风险**：指金融市场利率的波动会导致证券市场价格和收益率的大幅变动。利率直接影响着国债的价格和收益率，影响着企业的融资成本和利润。债券类基金受利率变化的影响尤其突出，股票市场也会受其影响。通常而言，利率与股价呈反比，即利率下降，股价上涨。

- **基金的汇率风险**：由于我国的人民币与外国货币之间市场汇率的变动而引起的投资收益的变动。基金的汇率风险主要存在于外国证券的投资交易之中。2015 年前后，人民币正处于国际化的关键时刻，所以汇率是政府非常重视的一点，定然会以维稳为主。

- **购买力风险**：又被称为通货膨胀风险，具体是指市场的物价变动影响到证券价格，从而产生的一种风险。因为基金的利润是通过现金的方式发放的，而现金可能因为通货膨胀的影响而导致购买力下降。

- **基金的供求风险**：在一段时间内，市场上可以供投资者持有的证券数量与入市资金量之间出现失衡而造成的风险。我国的证券市场正处于高速发展阶段，市场容量和入市资金量呈现同步增长趋势。在这个阶段内，很容易出现供求不平衡的情况。

基金的系统风险，无法通过有效手段得以消除，所以投资者在对待基金的系统风险时，应该有充分的认识，也要有一定的心理准备。

系统风险的出现一般都比较明显，投资一旦发生系统风险爆发，可以根据相关信息判断基金有可能受到系统风险的压力，那么可以选择迅速赎回，避免损失。

针对基金系统风险的有效防范，投资者要多关注基金市场与金融市场的相关新闻公告等信息，有大的政策变化，及时反应，迅速赎回，将损失降至最低。

■ 非系统风险

基金的市场风险除了系统风险之外，还存在着非系统风险。基金的非系统风险又称为可分散风险，是指由于某些因素的变化而导致的个股价格或者相关金融产品的下跌，从而给持有者带来损失的可能性。

非系统风险是由企业的投资项目本身的一些不确定因素而引起的，仅与个别的投资项目或企业有一定的联系，因此基金的非系统风险是可以通过一些方法被消除的。

基金的非系统风险主要包括基金的经营风险、操作风险、道德风险和信用风险。

- **经营风险**：是指由于公司的外部经营环境和条件以及公司的内部经营问题而导致的公司收入产生波动，从而引起投资收益的波动，最终导致投资者收益的不确定性。投资的上市公司经营，受到多方面的影响，例如管理能力、财务状况、行业前景等。基金公司一方面可以通过分散投资来分散经营风险，也可以通过对上市公司的详细调研，深入分析，避免选择那些存在经营风险的行业与公司。

- **操作风险**：基金的操作风险主要来源于围绕基金展开工作的所有人员，不仅仅是基金经理。在各项工作环节中，都可能出现由于内部控制或其他因素造成操作失误而引起的风险。例如交易出错、内幕交易等。在基金的后台操作中，涉及股票的买卖、资金的划转，所以操作风险可能会来自于基金管理人、托管人等。

- **道德风险**：基金管理人的投资能力、分析能力和管理水平都会直接影响到其对基金收益的影响。另一方面，基金公司的投资管理制度，风险管理和内部控制是否到位，能够有效防范道德风险和其他风险，也是关键之一。一旦基金公司或基金经理出现了违规行为，由于其道德原因而产生的后果，将直接影响到投资者的利益，情况严重甚至会引起投资者的亏损。

2. 什么是基金的流动性风险

基金的流动性风险，即基金份额变现时面临的风险。对于开放式基金而言，基金管理人为了避免市场行情出现突然下跌，投资者集中大量赎回而损失基金投资过程中的收益，会在基金合同中制定有限赎回条款，条款中会规定当某日赎回金额占基金总资产净值超过规定比例时，基金公司有权暂停投资人的赎回。

因此在行情急转直下时，投资者想赎回基金无法实现；而对于封闭型基金而言，在行情不好，成交量萎缩时，也不容易卖出，这就是基金的流动性风险。

基金的流动性就是基金的变现能力，特别是对于开放式基金而言，因为开放式基金需要应对投资者日常的申购和赎回，因此保持良好的流动性是非常重要的，风险控制极佳的基金公司，会留存一定的现金或银行存款，以应对赎回压力。

3. 其他风险

基金的未知价风险主要发生在开放式基金申购和赎回时，具体是指投资者在进行基金申购或赎回时，所参考的基金单位净值是上一个基金开放日的数据，而申购或赎回时采用的是当日基金的最终单位净值，那么对于基金单位净值在前一交易日到当日的变化，投资者无法预知。

因此投资者在申购或赎回基金时实际上无法知道具体的成交价，这种风险就是开放式基金申购或赎回的未知价风险。

为了避免未知价风险，投资者在申购或赎回基金的时候，可以采用"下午 14:30 法则"。我国的金融交易市场是在下午 15:00 收市，那么在下午 14:30 左右，当日的基金净值就可以基本确定，投资者在此时进行基金的申购或认购时，就可以在一定程度上避免未知价风险。

投资风险，是针对投资者自身而言。不同类型的基金有着不同程度的风险，其中股票型基金比债券型基金的投资风险要高很多。股票型基金的投资风险主要受到上市公司的经营风险以及证券市场的波动影响；债券型基金的投资风险主要受到利率变动的影响。

对于投资者而言，不同的投资目标、不同的预期收益，所面临的投资风险相差甚远。在进行基金投资时，投资者应结合自己的风险承受能力，进行基金选择。

02
控制
基金投资风险

投资总是伴随着风险，基金投资也是一样。在明确风险后，投资者要做的就是如何在实战中控制风险。掌握一定的技巧可以降低和控制基金投资过程中面临的风险。

1. 修正四种错误观念

投资者在开始接触基金时，总会先入为主的认为所有基金的风险都很低，收益都很稳定，并不知道基金也有亏损的情况。

投资者要想把基金投资风险控制在一定范围内，首先要认清自己的投资目标。投资在基金投资者过程中，通常表现出以下四种错误的观念，如图 12-1 所示。

错误的投资心理。

对基金市场认识不够充分。

过于看重基金的历史业绩表现。

对基金净值和分红派息错误的认识。

图 12-1　四种错误观念

- **错误的投资心理**：不少投资者都是抱着基金财富神话来的，为的是赚大钱。而基金的实际情况是很难在短期内实现暴富的，另外还需要承担一定的市场风险。投资者受基金业绩火爆的影响，将自己的全部积蓄投入基金中，试图获取暴利。然而在市场出现波动时，投资者的生活就会受到影响。

- **认识不够充分**：基金投资风险的来源比较重要的原因就是投资者对基金的认识程度不够深，往往仅仅停留在表面。多数投资者连股票型基金、指数型基金等概念都分不清楚。

- **过于看重基金历史业绩**：基金的历史业绩是选择基金的重要参考，但不能过于看重。因为历史只能说明以前的业绩，未来有更多位置的挑战出现，基金能否在变化中保持稳定的业绩才是最关键的。

- **错误认识基金价格和分红**：其实在选择基金时，基金的价格没有太大的参考意义。而基金的分红，只有在投资者特别看重定期分红的情况下才有意义。基金的分红会使基金价格下跌，实质上是将净值以现金的形式发放给投资。

2. 绝不融资买基金

在证券市场行情向好时，很多投资者忍不住对财富的渴望，常常会出现向证券公司融资买入证券的情况，这类还属于合法合理的情况。更有甚者，将住房等固定资产进行抵押贷款，进行证券投资，有的投资者贪得无厌继续向配资公司进行配资，将投资杠杆提高到好几倍以上。一旦市场开始波动，投资者将被强制平仓，认亏出局。

2015年6月10号晚上10点左右，在长沙市，某小区，一名32岁的男子从小区的22楼坠亡，接到报警之后，附近派出所、120迅速赶到现场处置。初步调查显示，该男子坠亡与他用四倍的融资杠杆重仓了一只股票，在股票两个跌停之后赔光了本金有关。

这起悲剧发生之后，一起关于侯先生的股吧迅速疯传网络，股吧信息显示，侯先生投入170万元本金加四倍融资，全仓了中国中车股票，6月9号和10号，该股票连续两个跌停，他的170万元本金全部亏光，10号晚上意外发生。

据报道，侯先生跳楼前以ID名为"想挣钱的散户"在股吧留下一段话，"离开这世界之前我只是想说，愿赌服输，本金170万元加融资四倍，全仓中车，没有埋怨谁，都怪我自己贪心，本想给家人一个安逸的生活，谁想输掉了所有，别了，家人，我爱你们，我爱这个世界。"

股市的火爆催生了大量的配资公司，通过网络查询，一家长沙的配资公司声称最多可以提供给股民10倍的杠杆资金，一千万的资金一天之内就能到位。股民只要将本钱打入配资公司的账户，配资公司就会根据股民的需要提供最高10倍杠杆的资金在股市博弈。本金扩大10倍之后，如果本金升值，那么股民将获得巨额的回报，但是股票一旦下跌，股民的钱在几天内就能亏光。为了保证资金安全，配资公司会在平仓位强制平仓，股民血本无归，而且还要收取高额的利息。按照这样的规则，如果配资4~5倍，只需要两个跌停就会让股民赔光本金，如果使用十倍杠杆，则一个跌停板就会赔光，股民将承担巨大风险。

投资者进行基金投资也是一样的道理，基金无法给你带来一夜暴富的神话，基金只是一种资金保值和增值的理财产品，提高投资者自己的闲置资金收益。

投资者如果通过抵押、融资、贷款等方式来进行炒股，其中的成本大幅提高，预期收益也会提高，即将面对的风险也是高额的。

3. 降低即将投资风险

基金的特点决定了它是一种收益共享、风险共担的集合投资工具。不同于银行存款与国债，一定能保证投资者可以获利。

基金投资的风险无处不在，在树立风险意识的同时，将规避风险的方法综合起来，也会起到不错的作用。

■ 试探性投资

新晋基金投资者在买入基金时，总是掌握不好买入的时机。在没有太大把握盈利的情况下，就将全部资金投入基金中，可能会遭受一定的损失。

投资者可以先将少部分资金作为购买基金的试探，以试探性投资的结果作为是否大量购买的依据。

试探性投资可以减少基金买入中的盲目性和投资失误，从而减少投资者面对的风险。

试探性投资时应当注意以下三点。

- 选择在市场由坏转好时进行。

- 试探性投资的资金占比不能太大。

- 在获利的情况下果断加码买入。

■ 分散投资

进行基金投资时，也要坚持分散投资的原则，永远不要把鸡蛋放在同一个篮子里，分散投资是降低基金投资风险的好方法。

分散投资，就是在资金投入时不能过于集中。这里包括两方面含义，一是不要将资金过于集中地投入到一种或少数几种金融产品，要建立合理的投资组合，避免一招不慎，全军覆没，这也就是通常所说的"不要把鸡蛋都装在一个篮子里"；其二是不要将资金在一个时点上集中投入，因为股票的价格具有波动性，应将其分期分批地投入市场，使资金的投入在时间上有一定的跨度，在价格选择上留有一些余地，从而避免在最高价位上一次投入。分散投资的目的，也就是为了分散风险。

彼得林奇是分散投资的成功例子，投资的股票有 1 000 多只。格雷厄姆的一位学生投资很成功，奉行的也是分散投资，每个行业里选两只股票，巴菲特幽默地称其为"诺亚"（诺亚方舟里每种动物都是一对）。

但巴菲特认为投资应敢于下重注，集中投资效果好，把鸡蛋放在一个篮子里并看好这个篮子，资产配置是毫无意义的，那只不过是华尔街人士的营销术而已。

分散投资和集中投资没有明确的界限，就股票投资而言，分散投资指的是在多个行业多个股票中投资，但多少只股票及多少个行业算是资产配置或分散投资呢？

与资金的多少有关，巴菲特几百亿元的资金却只投资于十几只不同行业的股票是集中投资，几万元的小散户投资于三只不同行业的股票就是分散投资了；从理财角度而言，分散投资是在股票、基金、债券、黄金等方面进行资产配置。

投资基金与其他投资一样，都存在着风险，尽管基金是由专业的投资人进行管理，也会建立一定的投资组合来分散风险。

但投资者仍不能把所有闲置资金投入到一只基金中，投资者也应建立自己的投资组合，尽可能的分散风险。

03
投资基金
的基本原则

金融市场变幻莫测，没有经验的投资者贸然闯进去，定然会头破血流。如果在入市之前，坚持一定基金投资的基本原则，就可以为投资者的基金带来更好的收益。

1. 重视价值投资

在股市处于震荡或下跌行情中，原来坚守价值投资信念的投资者也开始动摇，尽管价值投资曾经让他们在牛市中获利不少。

在这样的环境下，主打价值投资的基金也被投资者冷落，对这些价值投资基金在熊市中的表现非常不满。

价值投资的出发点在于挖掘价值，而价值的体现是需要时间来验证的，价值投资不等于在错误的时间里买入然后长期持有。

国内的基金产品自发展以来，就打着价值投资的旗号，但实际上多数基金经理都不曾按照价值投资理念在进行操作。

2014 年开始，发展到 2015 年 7 月的这一轮牛市，让价值投资发生了变化。在新时代新环境下，如果仍秉持着陈旧的价值投资理念，对低市盈率的股票青睐有加，而对那些几十，甚至过百市盈率的股票就置之不顾，在当前市场中是不可行的。

真正的价值投资不是关注市盈率，而是关注目标公司的盈利能力与持续盈利能力。

东方财富（300059），东方财富信息股份有限公司是一家专注于为客户提供金融信息资讯的企业。公司通过网站平台和各专业频道提供专业的、及时的、海量的资讯信息，满足广大互联网用户对财经资讯和金融信息的需求，同时提供财经互动社区平台，满足用户互动交流和体验分享需求。公司运营的网站为"东方财富网"及多个专业频道，主要包括"天天基金网"、"股吧"等，已形成了我国用户访问量最大、用户黏性最高的互联网财经信息平台之一。

2014 年东方财富的市盈率一度达到 400 多倍，当时的股价还是 20 多元。2015 年 7 月 15 日，东方财富预计 2015 年 1 月 1 日～6 月 30 日的业绩：净利润 103 686.00 万元～104 672.00 万元，增长幅度为 3 055%～3 085%，上年同期业绩：净利润 32 864 000 元。

一旦东方财富 2015 年中报如预期发布，市盈率将得到明显降低，可能只有几十元。此时的东方财富股价已经由 100 多元跌至 60 元左右。但与 2014 年相比，仍有 3 倍以上的收益，这样的投资不能叫做价值投资吗？如果在 2014 年被东方财富 400 多倍的市盈率吓跑，只能说基金管理人缺乏眼光。

东方财富是如何实现利润大跨越的呢？从其公告的利润变动原因中可以寻得端倪。

报告期内，东方财富紧紧抓住互联网金融行业蓬勃发展的历史机遇，整体实现了健康快速发展。其中，公司基金第三方销售服务业务的发展进一步加快，公司互联网金融电子商务平台基金投资者规模和基金销售规模持续大幅增长，报告期内互联网金融电子商务平台实现基金销售额突破 4 000 亿元，金融电子商务服务业务收入同比增长 1 300% 以上。

报告期内金融数据服务业务收入和互联网广告服务业务收入同比也实现良好增长。综合以上主要业务收入变动的影响，报告期内，营业总收入同比大幅增长。

报告期内，公司立足于一站式互联网金融服务大平台的整体战略定位，继续加强战略投入，加强产品和业务的推广，加大研发和创新力度，相关金融电子商务服务业务成本、网络服务成本、数据成本、邮电服务成本、职工薪酬、研发费用、市场推广费用等成本及费用开支同比大幅增长。

由于营业总收入同比增长幅度大于营业成本及费用等同比增长幅度，报告期公司实现的归属上市公司股东的净利润，同比实现大幅增长。

因此在 2014 年～2015 年中，重仓持有东方财富的基金将会在收益率上有非常优异的表现，这就是价值投资的魅力。

2. 保持长期投资

基金投资从一开始就是一项长期的投资理财活动，实质上是让专业的投资人员来帮助投资者进行投资。投资者的对象主要是市场中那些有成长潜力或者被低估的金融标的，无论是成长潜力还是价值回归，都需要时间进行验证。

即使是封闭型基金可以在二级市场中进行交易，但普通的投资者根本无法掌握市场行情的波动，频繁进行低买高卖实在不够明智。

股票、期货、外汇等理财产品的波动大，更加适合低买高卖的短线波段操作，而且手续费较低，短线投资成本低。

即使股票、期货投资，投资者花大量的时间精力去操作交易，最后的收益多数都不如长期持有。

频繁买卖基金需要支付高昂的交易费用，而且基金的价格波动极小，所以进行短线投资是不可取的。

3. 认清自己

有的投资者可以在基金投资中盈利，而有的投资者在基金投资中也会出现亏损。同时是投资基金，为什么会出现这样的区别？除了投资对象的不同，还有投资者自己的原因。

■ 过度关心

投资者应该清楚，进行基金投资，是选择一个投资团队帮自己进行投资，所以与股票、期货、外汇等投资不同，不需要投资者时时刻刻关心净值走势。

投资者既然将资金交给基金公司，就应该选择相信他们的能力，所以不用每天去关心基金的行情趋势。过度关心，只会让投资者自乱阵脚。当基金收益下跌，投资者过于紧张甚至会做出错误的判断，盲目选择赎回，从而让基金投资以失败告终。

所以投资者在进行基金投资之前，应该具备良好的心理素质，做好长期投资的打算。

■ 盲目跟风

为了加大基金理财产品的推广与销售，开放式基金的宣传营销方式与内容五花八门，甚至言过其实。投资者在没有对基金公司以及基金产品进行了解之前，就对基金产品青睐有佳，并不明智。

有的基金在市场中热销，可能只是营销手段做得出色。投资基金与其他产品不一样，并不是购买者越多说明基金质量越好。

购买基金的人越多，基金的资金量越大，基金经理进行投资的难度越大，投资者所要面临的风险越大。

一旦基金成立，基金的运作状态却与营销中大相径庭，基金经理也频繁更换，这些因素都会变得不稳定起来。

在购买时间上，投资者也容易盲目跟风。当股市行情已经走好一段时间以后，股票型基金的业绩让投资者竞相买入。当大盘指数在底部时，股票型基金则少有人问津。

投资者在认清自己身上的不良习惯后，应该在投资过程中不断去改正，并在投资者过程中形成正确的投资理念。

4. 关注老基金

老基金的成立时间早，基金产品线完善，几乎将所有类型的基金都覆盖完全。

衡量一个基金的好坏，不是一两年的事情。只有经历了一次完整的牛熊市的投资者，才称得上是投资者。对于基金而言也是如此，只有在不同市场环境下有良好的表现，才能称之为是好基金。

新成立的基金没有历史业绩可供参考，所以投资者去抢购新基金是不明智的选择。在市场行情处于持续看好的情况下，选择老基金为最佳，因为这些基金成立早，布局完善；而在市场处于震荡或转向的阶段，投资者可以适当关注新基金，因为这些基金比老基金更为灵活一些。

04
基金投资
实际操作技巧

在基金投资者中，可能会出现买得好不如买得巧的情况，不能根据市场行情变化进行基金买卖，比选择了不合适的基金更可怕。基金从申购到赎回，都需要掌握一定的操作技巧。

1. 把握合适的入市时机

对于股票投资者而言，好的买点和卖点是能否最终盈利的关键。但买卖时机是投资过程中最难把握的因素，除了普通投资者，即使是经验丰富的短线高手也无法完全准确地抓住最佳买卖时机。

基金作为一种长期投资产品，提供给投资者买点与卖点会更多，持续时间会更长，所以在一定程度上来说，投资者把握合适的入市时机是完全可行的。

在投资基金之前，要判断当前是否是合适的入市时机，需要投资者对宏观经济环境和证券市场运行趋势进行深入分析。

在选择入市时机的过程中，应该尽量选择在大盘指数的底部区域进入市场，但不能总想着在最低点入市。

当行情处于熊市中，投资者就应该更多地选择债券型、货币型等风险更小的基金产品。

一般而言，基金投资者需要抓住四大时机，具体内容如图 12-2 所示。

图 12-2　入市的四大时机

● **牛市行情初期**：只要投资者坚信当前处于证券市场的牛市中，且牛市在短期内不会改变，就可以大胆进行基金投资。观察和了解证券市场大盘指数的变化，将有助于投资者对基金投资入市点的把握。

● **保本型基金临时开放**：不是所有的基金在任何时间都可以进行申购与赎回，特别是保本型基金，由于有保本周期的存在，为了保证基金公司的管理和运作，防止投资品种频繁地申购与赎回而影响到基金的稳定性与收益。保本型基金会根据市场情况，在合适的时间进行短期的申购与赎回，这对于投资者而言是不错的机会。

● **业绩好的基金公司发行新基金**：历史业绩优良，规模庞大的基金公司发行新基金，通常可以享受认购手续费的优惠，降低投资者进行基金投资的成本，也是不错的时机。这类新基金在基金公司原有的管理模式下，通常也会有不错的业绩。

● **封闭式基金的封转开**：为了不让封闭期到期的封闭式基金结束运行，基金公司通常要将其转换为可以申购和赎回的开放式基金。基金的封转开可以将它看作是新基金的发行，而且这类新基金是有历史业绩可查的，更加可靠。

选择正确的基金，是投资能否获利的前提，而把握合适的入市时机，则是基金投资最后能否获利的关键。

2015 年以来,股市牛气十足,基金净值频创新高,老基金中谁更牛? 国内最老的基金是封闭式基金,绝大多数产品已转为开放式,其中只有两只产品累积净值 6.4 元以上,且今年以来表现也都很牛。

两只牛基均为易方达旗下产品,最新净值数据显示,易方达科翔是所有封转开基金中累积净值最高的,3 月 20 日达 6.507 元,也就意味着成立时购买该基金,采取现金分红的方式投资,净赚已超 550%。

累积净值紧随其后的是易方达科讯,达 6.4028 元。封转开基金第三名的产品最新累积净值为 6.12 元,绝大多数封转开基金累积净值在 4 元到 6 元之间。此外,易方达旗下另一只封转开基金科汇的累积净值也逼近 6 元,为所有封转开基金累积净值前五名。

2. 基金建仓技巧

投资者在买入基金时,除了一次性买入之外,还可以分批次进行买入。不同的买入方式,可以分为金字塔建仓法、成本平均法等。

■ 金字塔建仓法

在股票投资中,投资者经常用到金字塔建仓法,用在基金投资中同样不错。当投资者判断基金投资的时机已经成熟,可以选择按照金字塔建仓法进行申购。

金字塔建仓法将资金分为不同大小的几份,例如,一开始用二分之一的资金进行申购,如果没有赚到钱,剩余的资金就不用追加进去。如果先前投入的二分之一赚到了钱,可以将剩下的资金的二分之一进行追加买入。然后再根据行情变化进行操作,最终完成建仓目标。

使用金字塔建仓法,可以将最多的一份资金尽早的投入到基金中去,如果行情判断正确,可以充分地享受到行情上涨带来的红利;即使行情判断错误,也可以最大程度地避免损失。

■ 成本平均建仓法

成本平均法是一种以定期及定额投资去累积资产的方法，投资者因此便会在价格处于低位期间购入多些数量基金单位，而在价格处于高位期间购入少些数量的基金单位。

定期买入定额的基金或证券，当价格较低时，客户用同一金额可以购买较多基金单位或股数，而当下次价格较高时，客户用同一定额的投资，则购入较少单位的证券。在长线投资上，该投资者的投资组合账户内，单位平均成本较一般投资方法更低。且多次分开买进，可以分散单次买入点过高的风险。

成本平均法尤其是在先跌后涨，时间跨度长的市场中能得到比直接投入更好的报酬。

成本平均法对目标基金的资质要求非常高，要求其拥有长期的稳定的基金业绩。

读 者 意 见 反 馈 表

亲爱的读者：

感谢您对中国铁道出版社的支持，您的建议是我们不断改进工作的信息来源，您的需求是我们不断开拓创新的基础。为了更好地服务读者，出版更多的精品图书，希望您能在百忙之中抽出时间填写这份意见反馈表发给我们。随书纸制表格请在填好后剪下寄到：北京市西城区右安门西街8号中国铁道出版社综合编辑部 张亚慧 收（邮编：100054）。或者采用传真（010-63549458）方式发送。此外，读者也可以直接通过电子邮件把意见反馈给我们，E-mail地址是：lampard@vip.163.com。我们将选出意见中肯的热心读者，赠送本社的其他图书作为奖励。同时，我们将充分考虑您的意见和建议，并尽可能地给您满意的答复。谢谢！

— —

所购书名：_____

个人资料：

姓名：_____ 性别：_____ 年龄：_____ 文化程度：_____

职业：_____ 电话：_____ E-mail：_____

通信地址：_____ 邮编：_____

— —

您是如何得知本书的：

□书店宣传 □网络宣传 □展会促销 □出版社图书目录 □老师指定 □杂志、报纸等的介绍 □别人推荐
□其他（请指明）_____

您从何处得到本书的：

□书店 □邮购 □商场、超市等卖场 □图书销售的网站 □培训学校 □其他

影响您购买本书的因素（可多选）：

□内容实用 □价格合理 □装帧设计精美 □带多媒体教学光盘 □优惠促销 □书评广告 □出版社知名度
□作者名气 □工作、生活和学习的需要 □其他

您对本书封面设计的满意程度：

□很满意 □比较满意 □一般 □不满意 □改进建议

您对本书的总体满意程度：

从文字的角度 □很满意 □比较满意 □一般 □不满意
从技术的角度 □很满意 □比较满意 □一般 □不满意

您希望书中图的比例是多少：

□少量的图片辅以大量的文字 □图文比例相当 □大量的图片辅以少量的文字

您希望本书的定价是多少：

本书最令您满意的是：

1.
2.

您在使用本书时遇到哪些困难：

1.
2.

您希望本书在哪些方面进行改进：

1.
2.

您需要购买哪些方面的图书？对我社现有图书有什么好的建议？

您更喜欢阅读哪些类型和层次的理财类书籍（可多选）？

□入门类 □精通类 □综合类 □问答类 □图解类 □查询手册类

您在学习计算机的过程中有什么困难？

您的其他要求：